教|育|知|库

我的教育
实践与思考

李艳霞———

著

光明日报出版社

图书在版编目（CIP）数据

我的教育实践与思考 / 李艳霞著 . -- 北京：光明
日报出版社，2021.6

ISBN 978 - 7 - 5194 - 6067 - 9

Ⅰ.①我… Ⅱ.①李… Ⅲ.①小学教育—教育研究—
文集 Ⅳ.①G622.0-53

中国版本图书馆 CIP 数据核字（2021）第 083261 号

我的教育实践与思考

WODE JIAOYU SHIJIAN YU SIKAO

著　　者：李艳霞			
责任编辑：石建峰		责任校对：傅泉泽	
封面设计：中联华文		责任印制：曹　净	

出版发行：光明日报出版社

地　　址：北京市西城区永安路 106 号，100050

电　　话：010 - 63169890（咨询），010 - 63131930（邮购）

传　　真：010 - 63131930

网　　址：http：//book.gmw.cn

E - mail：shijianfeng@gmw.cn

法律顾问：北京德恒律师事务所龚柳方律师

印　　刷：三河市华东印刷有限公司

装　　订：三河市华东印刷有限公司

本书如有破损、缺页、装订错误，请与本社联系调换，电话：010-63131930

开　　本：170mm×240mm			
字　　数：206 千字		印　　张：16	
版　　次：2021 年 6 月第 1 版		印　　次：2021 年 6 月第 1 次印刷	
书　　号：ISBN 978 - 7 - 5194 - 6067 - 9			

定　　价：65.00 元

序：我赞赏这努力成长的脚步

近日李艳霞老师把她的《我的教育实践与思考》一书的初稿交给我，嘱我给她写个序，我欣然同意。

之所以欣然同意，不仅是因为她曾是我的徒弟，更是因为我赞赏艳霞多年努力学习的精神和她取得的成就。

艳霞是努力的，从书中可以看出她的努力是多方面的并且是富有成效的。读这本书，我们从中能够得到很多启示。

一、艳霞努力地学习着

教师专业成长，有很多决定性因素，首要的便是学习。学习是前提，没有学习，专业成长只能是水中月、雾中花。艳霞在学习中不仅注重向书本学，还注重向他人学，善于从他人身上汲取奋进的力量。

她重视向书本学。艳霞原始学历并不高，为了做个合格而又优秀的语文老师，她一边工作一边刻苦自修，孜孜不倦，用十几年时间读完了大专读大本，学了中文学教育，后来又有幸成为天津市未来教育家奠基工程第三期学员，参加了更为专业的研修。艳霞的努力学习为后来的专业成长奠定了坚实的基础。

她重视向他人学。艳霞说她的第一任老师是她的父亲。父亲是一位参加过解放战争，经历了 4 年战争洗礼的军人，也是一位从事了三十余年教学工作的一线教师。她从小听着父亲的故事长大，父亲勤奋坚韧的性格，慈爱隐忍的胸襟，简朴好学的品质对她一直影响至今。她后来考入保定师范学校，老师们诲人不倦，循循善诱，从老师们身上她学到了教育工作者的品德、责任和担当。工作中，她注重向同人学习，我们从书中可以读到她对许多教育同行教学实践和理论的解读和思考，这些解读和思考升华了她对教育的理解和认识，为她在工作中理性地分析问题、解决问题提供了理论支撑和经验支持。

二、艳霞努力地实践着

教师专业成长，学习是前提，实践是基础，没有实践，成长便是空谈。艳霞有着丰富的实践经验，她是语文教师，做过班主任，做过教科室主任，现在是天铁第一小学教务主任，她在各个岗位上都得到了历练。

作为教师，她努力探索语文课堂教学模式、语文学科素养培育和语文教学的基本策略和方法，十分关注学生兴趣培养，特别是对作文教学有非常独到的经验；作为班主任，她注重学生的自立、自理、自强和自主发展教育，她带的班级学生情绪积极，精神面貌好；作为管理工作者，她协助校长抓学校文化建设，构建学校幸福教育模式，重视课堂教学管理，重视学困生转化，重视问题生教育。在老师们的协同努力下，天铁第一小学的教学质量一直名列同类学校前茅。毫无疑问，这些成绩里面有艳霞老师的一份贡献。

三、艳霞努力地思考着

教师专业成长离不开反思。孔子说："学而不思则罔，思而不学则殆。"学习是前提，实践是基础，反思则是激励。没有反思，就没有创新，就没有改进，也就没有进步。艳霞的反思体现在方方面面。

作为教师，她反思现有课堂教学模式优在哪里、劣在哪里，反思教学本来应该是什么色彩，反思作文该如何表达生活，反思怎样教孩子学会审美、学会倾听，反思学科教学如何预设如何生成；作为班主任，她反思如何将学校教育、家庭教育和社会教育融为一体，改进班级管理工作；作为管理工作者，她反思如何协助学校营造校园文化氛围，如何推动文化创新，如何借鉴他校他人经验，办人民满意的教育。艳霞的深刻反思为她优化课堂教学、优化班级管理、优化学校教学管理、推动各方面工作创新提供了动力，创造了条件。

四、艳霞努力地研究着

教师专业成长，研究是保障。没有研究，特别是没有对规律的研究，没有对方法的研究，教学和管理就不可能取得满意的效果，教师自己也不可能得到成长。

艳霞在工作中重视研究工作，并且能把研究工作做到细微之处。宏观上，她研究教师素质，研究教学思想，研究教学态度，研究教学价值取向；微观上，她研究高效教学达成，提出作文"三有"要津，即怎样使小学生作文内容具体、言之有物，怎样使小学生作文做到条理清楚、言之有序，怎样使小学生作文达到文从字顺、言之有力，非常具体实用。除此之外，书中用很大的篇幅论述了学校教学管理模式和学生管理方法，并对家庭教育有着非常独到的见解，其中一些成功的教育案例令人耳目一新。

五、艳霞努力地成就着

教师的专业成长一定会有作品呈现。据我观察，教师专业成长的作品至少应该包括：带出一个优秀班集体，教出一批好学生，提出一个正确的教育理念，创建一个行之有效的教学模式，总结一套成功的教学方法，撰写一篇自己满意的文章，另外要把自己的孩子这独一无二的作品塑造好。

艳霞努力成长中的作品是丰盛的。她从事班主任工作多年，所带班连续被评为三好班集体或优秀中队；三十二年来她一直坚持工作在教学一线，桃李满天下；任教科室主任和教务主任后，重视学校幸福教育模式和教学模式创新等课题研究，所写文章多次发表在国家级和市级报纸、杂志上；由于教育教学教研成绩出色，先后被授予天铁教委优秀德育工作者、十佳教师、三好班主任、青年岗位能手、河东区教育科研先进个人、河东区名师、河东区教育局名师工作室领衔人、天津市优秀中队辅导员等光荣称号。她是天铁教委第一届优秀教师、首届标兵教师、首届"最受学生欢迎的老师"，并成为天津市未来教育家奠基工程第三期学员。作为妈妈教师，艳霞在努力做好本职工作的同时，孝敬老人，相夫教子，把儿子教育得十分出色。孩子高中毕业后成功考入全国重点大学，大学毕业后得以成为单位的技术管理骨干。

知性、文静、儒雅的艳霞爱教育、爱学校、爱学生、爱读书、爱写诗、爱生活、爱旅游、爱家庭，跟她在一起研修的一位老师这样评价艳霞：文静坚韧，温婉如玉。无疑，这是几十年如一日刻苦修炼的结果。

我非常赞赏艳霞努力学习的精神。权以此文向她的新书出版表示由衷祝贺！

陈自鹏

2020 年 7 月 9 日

目　录
CONTENTS

第一章　语文教学

点亮生命，托起明天的太阳

数字化给教育事业的发展带来重大的变化，特别是给课堂教学带来了极大的冲击和挑战。教学手段数字化、微课形式常规化、翻转课堂校本化等，这些发展趋势引起的不仅是课堂教学结构的重建，更是教师教学思想的转变。在全球信息化的大背景下，信息技术全面渗透且深刻影响着教育理念、教学模式，教师工作的思维、方法、态度和价值观将面临怎样的改变才能不违背教育规律，适应学生健康成长的需要呢？笔者认为，遵从教育规律，守住教育本真，不做形式大于内容的追随，才是我们教师工作的核心内容。

一、因材施教的教育思想之一：关注学困生

所谓因材施教，是指教育教学既要面向全体学生，提出统一要求，又要照顾个别差异进行有区别的教育教学，使每个学生都能在各自的基础上扬长避短，获得最佳发展。不同年龄的学生存在着个别差异，即使在同一年龄段的少年儿童，在身心发展上也存在着差异，他们的发展速

度和水平各不相同，因此表现出不同的发展趋向和教育成效。作为小学教师，我们必须根据学生的这些个性特点因材施教，才能使每个儿童都成为学有所长、富有个性的人才。比如，我们的班集体授课，因材施教好比教导不同高矮的孩子摘树上的果子，有的孩子个子高，伸出手臂就能摘到果子；有的需要踮起脚尖伸长手臂才能摘到果子；有的则怎么也摘不到果子。对这群摘果子的孩子，不能用同一种方法教他们摘果子。对个子高胳膊长的，要引导他们怎样摘到最高处又大又好的果子；对踮起脚能摘到果子的，则要引导他们如何跳起来多摘些果子；对那些摘不到果子的，要"搬凳子、搭梯子"帮他们摘到果子。这些需要我们"搬凳子、搭梯子"帮忙摘到果子的孩子就是我们通常所说的学困生。这些孩子智力水平正常且没有感官障碍，但其学习成绩明显低于同年级学生，不能达到预期的学习目标。他们经常不完成作业；他们经常上课溜号；他们胆小而自卑，常常畏缩在教室的角落里……种种表现不尽如人意。作为教师的我们应该如何对待和改变他们呢？

1. 目标确定准确

首先，要帮助学习上有困难的孩子明确学习的目的，知道为什么而学，怎么样学习，学习后将会达到什么目标。有了目标，就有了前进的方向，才会产生追求目标的动力。其次，对待学困生，学习目标要施行阶段性管理，由易到难，从实现一个个小目标，到实现一个总体目标。在实现一个个小目标的过程中享受成功的喜悦，由此产生实现下一个目标的信心，使其循序渐进，逐步提升能力。这个过程需要老师一对一的耐心帮扶，持之以恒的细心关注。

2. 方法指导及时

学贵有法。学生在学习上存在困难，很大程度上是没有掌握正确的学习方法。在课堂授课中老师要格外关注学困生的表现，及时发现其存疑之处，随时进行方法指导。比如中年级段学习标点符号的运用，学困生因为对标点符号形状及适用范围分辨不清或者记忆不牢，出现不敢使用或胡乱使用标点符号的现象。针对这一学习困境，老师适时安排教、背《标点符号歌》，在孩子理解的基础上强记，久而久之，标点符号运用这一难关就不攻自破了。

3. 个别辅导到位

进行有针对性的练习辅导，从生字音形义的掌握，重点句、段理解背诵，到篇章结构以及写作特点、中心主旨的把握，老师要关注学困生课上课下的反馈，并随时抓住问题进行一对一辅导。对做得好的作业或者经过认真思考的作业，以及有点滴进步的作业，都要及时表扬，促使其产生成就感，进入良性发展的轨道。

4. 学习压力适度

对待学困生，要更多一些耐心，更多一些关心，更多一些体贴。但这并不是无原则的放任，无节制的鼓励。在支持、帮助、鼓励的同时提出达标要求，施加一定程度的学习压力，并分阶段进行学习效果分析，学习成果展示，学习成绩表彰。这种压力，给予学生更多的是学习的动力。

苏霍姆林斯基认为："在影响学生的内心世界时，不应挫伤他们心灵中最敏感的一个角落——人的自尊心。"[1] 实践表明，教师的信任是对学困生人格的尊重，是减轻学困生过重压力的策略。这会变成一股无形的力量，促他奋发向上。学困生的转化不可能一蹴而就，一般要经历醒悟、转变、反复、稳定四个阶段。因此，在转化过程中，学困生会出现多次反复，这是一种正常现象。对这项十分艰苦的工作，作为教师一定要有满腔热情，必须遵循因材施教的教育规律，"反复抓，抓反复"，因势利导，使学困生保持不断前进的势头。

---

① 苏霍姆林斯基. 要相信孩子 [M]. 王彭庚，译. 北京：教育科学出版社，2009.

二、因材施教的教育思想之二：关注优秀生

经常听到有经验的老师在介绍教学经验时挂在嘴边的一句话："抓两头，带中间。"所谓"抓两头，带中间"的意思是说，管理学生既要重视学困生帮扶，又要重视优等生培养，才能带动整个班级积极健康的发展。许多能力突出的优秀生身上都有骄傲自负、看不起别人的缺点。在学校里，他们是受欢迎的学生，学校领导、老师们看着喜欢；回到家里，爸爸妈妈又把他们视为掌上明珠，宠爱有加。这样的环境极易让这些孩子丧失自我反省的能力，在他眼里没有其他同学，同学们也不屑于和他相处，久而久之成为目中无人、唯我独尊的"独孤大侠"，个别人甚至于沉迷网络游戏，学习成绩一落千丈，最终应验"小时了了，大未必佳"的千古遗训。基于此，关注优秀生管理，是因材施教的又一重要内容。

笔者接触过这样一个案例：一年级学生王睿，是一个非常优秀的男孩子，也是老师的得力助手。开学第一天老师临时指定他当"领读小先生"，带领全班同学一起读书。果然，在他的带领下，班级早读、午读纪律非常好，再加上他的识字量很大，全班的学生在他带动下都能顺利地朗读《三字经》。他第一次参加学校举办的诗歌朗读就获得第一名的好成绩，期末考试中又不负众望，取得了年级第一的好成绩。然而在第二学期开学初，班主任就发现王睿上课不听讲，两只眼睛总是望着窗外发呆，让他回答问题时支支吾吾，答不上来；其他任课老师也反映他上课无精打采，作业总是拖拉，考试成绩直线下降。班主任看在眼里急在心里，心想：经过一个寒假的休息，王睿到底是怎么了？访问家长，他父母也一脸焦急的样子，愁眉苦脸地反映儿子寒假里迷上了网络游戏，寒假快结束时，家长察觉孩子有点上瘾了，就禁止其玩网络游戏。从此，孩子对什么都不感兴趣，神情恍惚，更糟糕的是晚上睡觉常说梦

话、做噩梦，平时也不愿意和家长交流。

小学生好奇心强、自控能力差是沉迷网络的主要原因。学生网络成瘾一直是一个社会性大问题，它给学校的教育教学工作带来了一系列的负面影响，也深刻影响了孩子的身心健康。小学生上网如果能利用得好，会给自己的学业带来积极的作用，但如果利用得不好，会给自己的学业和身心带来巨大危害。基于此，做好思想工作，科学地引导上网是帮助孩子克服网瘾，健康发展的第一步。

孩子有较强的好奇心和逆反心理，由于他们对网络游戏的危害还没有深刻认识，自我控制能力相对较弱，一味地禁止或放任其无节制地上网，都是不当的。案例中，班主任及时与其讨论玩电脑的利与弊，让孩子知道，网络游戏只是我们在学习、工作之余的休闲，如果整天沉溺其中，会给自己的学习和身体带来不良影响，做噩梦就是最好的证明。同时还结合老师们用电脑备课、上课的实例告诉孩子正确使用电脑，分辨和选择对学习有益的信息，培养其鉴别和利用信息的能力。并强调今后学习上需要上网查资料，查资料之前要明确上网目的、规划上网时间，并长期坚持形成良好用网习惯，孩子就会逐步树立起上网的目的意识和时间观念，形成较强的自制力。在老师的关注、教育与指导下，王睿小朋友很快认识到自己沉溺网络的危害，主动远离游戏，重新回到同学们中来，带领大家一起认真学习，

其次，良好的班级人文环境，丰富的课余生活，对培养孩子们正当兴趣爱好，走出虚拟的网络世界，建立良好人际关系，懂得分享与互助都是不可或缺的重要条件。

总之，老师要用爱心、耐心、真诚和智慧为优秀生的健康发展扫清障碍、铺路搭桥，教育他们志存高远，塑造健康向上的人格，才能使优秀生的文化思想素质和身心健康状况得到全面而健康的发展，适应社会发展的需要。

三、平等尊重的教育态度

《国家中长期教育改革和发展规划纲要》指出："坚持以人为本、全面实施素质教育是教育改革发展的战略主题，是贯彻党的教育方针的时代要求"。坚持以人为本就是要坚持以学生为本，让学生健康快乐的学习、生活和成长是教育的人文价值目标。古罗马教育家普鲁塔克说："儿童的心灵不是一个需要填满的罐子，而是一颗需要点燃的火种。"学校就是培育这颗种子的土壤，教师就是点燃这颗火种的火炬，建构融洽和谐的师生关系至关重要。

首先，要让学生感受到老师的关心与爱。高尔基曾说："谁爱孩子，孩子就爱她。"[1] 只有爱孩子的人才可以教育好孩子。真爱是最能打动人心的。当学生失落时，送给他一句安慰的话；当学生犯错时，送给他一句理解的话；当学生自卑时，送给他一句鼓励的话；当学生进步时，送给他一句赞扬的话……这些都会化作浓浓的爱在他们心田绽放，暖暖的，给他们带来春天般的感觉。因为真爱是永恒不息的心动，是打开学生心灵的钥匙。施以真爱，以滋养孩子的心灵，肥沃心灵的土壤。有爱就有奇迹，教师才能在学生心目中树立完美的形象，让学生因敬仰而信服。教师责任主要在于，让学生感受到尊重，体会到公平和民主。俗话说："爱其师，信其道。"在小学，老师这一角色可以说是身兼数职，具有多重性。新型师生关系要求形成新型的教师角色观，与学生形成平等、互动的师生关系，充分发挥教师的作用。事实上，这也正是素质教育对教师的必然要求。

其次，不以一时一事给学生定位，要以发展的眼光看待每一名学生。曾经看过这样一道选择题。有三个候选人，他们分别是：A 笃信巫

---

[1] 高尔基《让爱流入孩子心田》第二段第一句。

医，有两个情妇，有多年的吸烟史，而且嗜酒如命；B 曾两次被赶出办公室，每天到中午才起床，每晚要喝白兰地，而且曾经有过吸毒的记录；C 曾是国家的战斗英雄，一直保持素食的习惯，热爱艺术，偶尔喝点酒，年轻时从未做过违法的事。在这三个人中，有一位会成为众人敬仰的伟人，你认为是谁？我们会毫不犹豫地选 C。但事实是：A 是连任四届美国总统的罗斯福。B 是英国著名的首相丘吉尔。C 是夺取万千生命的德国法西斯元首希特勒。这个选择虽然是个例，但是也从一个侧面告诉我们，不要戴着有色眼镜看学生，要用发展的眼光看待学生，对于部分学生不同阶段、不同方面的滞后，要理性对待，对症下药，帮助学生解决具体问题，而不是因为学生某方面错误多，发展滞后就存在歧视心理，否定其发展，而是应该对学生予以足够的信任，肯定他们不同方面的特长特色，摒弃以学习成绩论高下的片面思想。

四、互信发展的价值取向

读《一位母亲与家长会》这篇文章，我的心被深深地震撼了：爱有许多种不同的表达方式，这位母亲美丽的谎言中包含着对儿子理性的爱；包含着她对责任与亲情的深刻思考；也包含着她对传统教育方式的质疑。

妈妈去参加孩子的家长会，最期待的是孩子的表现能够得到老师的认同。当幼儿园老师告诉妈妈："你的孩子有多动症，在板凳上连三分钟也坐不了，你最好带他去医院看看。"妈妈听到这些心中一定有说不出的伤心、失望、气愤……也许粗暴的妈妈会因为孩子丢了她的脸，而对孩子一顿暴打；也许简单的妈妈会归罪于老师、学校而心生怨恨……但这位聪明的妈妈，却把老师的话用爱来加工成对孩子的肯定和期待："孩子，老师表扬你了，说宝宝在板凳上原来坐不了一分钟，现在都能坐三分钟了，其他的妈妈都很羡慕妈妈，因为全班只有宝宝进步了。"

多么美丽的谎言！之所以说它是谎言，是因为它经过了妈妈的加工改造，之所以说它美丽，是因为它包含着妈妈对孩子的信任和期待！正是这份信任和期待让孩子不用妈妈喂就吃了两碗米饭；正是这份信任和期待保护了孩子小小的自尊；也正是这份信任和期待树立了孩子"相信自己能够做好"的信心，十年磨一剑，最终以优异成绩被清华大学录取。

眼前又出现了孩子手捧清华大学录取通知书那一刻，母亲满面的泪水，那是苦尽甘来的幸福！多少个日子里，母亲承载了太多的隐忍、太多的失望、太多的苦痛、太多的牵挂，终于能够在这一刻得到释放。我们为孩子庆幸，他有一位伟大的母亲，我们也由此对学校、老师与学生家长沟通的目的、内容、方式产生怀疑，作为老师我们岂能只看重学生一时的表现，而漠视孩子的未来呢？跟家长沟通重在让家长了解孩子现实的表现，同时更要着眼于孩子的未来，正确引导家长看到孩子的发展方向，采取适合的方法解决当下的问题，让孩子充满信心地投入今后的学习。

新的教育环境更要求我们，充分认识到教育教学工作的本质，把握教育规律，拥有正确的思维方式和价值观，端正态度，掌握系统的方法，以生命点亮生命，托起明天的太阳。

筑牢根基，多举措助力发展

备课、讲课、批改作业、辅导学困生是语文教学中最基础的四大环节。做好这四大环节的工作需要把握一些基本策略与方法，筑牢教育根基，多举措助力学生发展。

一、备课有方向

备课又分为备教材、备学生、写教案这三方面。备教材首先要学习《走进新课程》和新版《语文课标》，把握语文教育大方向，并在此基础上认真研读教材、教参。我们知道现行教材教学参考在教学设计上给老师们留下了很大的创新空间，需要我们利用自己的知识储备去填充，这是对我们的挑战，也是给我们自由发挥的余地。因此，吃透教材，把握每一单元的教学主题，每一课的教学重点很关键。确定了教学重点，再围绕教学重点选择合适的教学方式、教学方法、教学语言、教学辅助手段才能在课堂教学中有的放矢。

备学生。备学生就是了解学生，了解每一个学生的掌握程度、接受能力，在学习中常出现哪些错误，适合用什么方法引导他领悟所学内容。全面了解学生有利于我们根据学生情况决定自己的授课方式，选择合适的教学方法、教学语言、教学态度，也就是因材施教。当代教育思想引导我们尊重学生，理解学生，既做学生的老师，又要做学生的朋友。我们对待学生的态度上，要宽严适度，因人而异。对那些天资聪颖好学深思的孩子，要高标准；对那些聪明淘气的孩子要严要求；对那些智力平常、遵守纪律认真学习的孩子，要多鼓励表扬，即使成绩不理想，也不苛求，不责备，而是耐心细致地做好教育引导；对于那些反应慢又厌烦学习，成绩差的学生，也就是通常我们说的学困生，应该多关心关注开展个性化辅导。对待学困生，帮助其树立信心最重要。老师要有意识地在全班同学面前表现出格外对他的关注、爱护与尊重，这就是我们对待学困生的态度。在课上引导他回答出问题，而不是问倒他；在课下给他的学习开点小灶、支点小招；在考试时，老师要格外的关注引导，适当地降低难度，考试对其他同学是测验考评，对困难学生则是巩固理解、加深记忆、树立信心的有效环节，这是对待学困生的方法。方法加态度，再加上我们的耐心，才是提高整体教学成绩的有效途径。对待学困生，耐心尤其重要，学生的问题会反复不断地出现，而且是同一个问题重复出现，如果老师失去耐心，教育过程就会前功尽弃。只有通过不断地重复、反复，教育成果才能最终得到巩固。不同程度的学生就像花园里不同节令开放的花，早开的花朵固然令园丁惊喜，晚开的花也一样值得园丁期待。对待学生就应该像园丁培育花木一样，有爱心更有耐心，因材施教，循序渐进。

备课的教案除了把教学五大环节诉诸笔端，还要在遵守基本章法之外，有自己的风格。比如教学方法的使用可以在教案中体现，作业的设计上也可以有创新，如 AB 作业、梯度作业，尤其是板书设计，更能体现出巧妙清晰的教学思路。

二、上课讲方法

上课是教学中最重要的一个环节。首先，上课时老师要做好组织教学，并且把组织教学贯穿整节课。小学生因为年龄小，注意力集中的时间短，所以老师要在课堂教学过程中不能只顾自己讲课，要随时关注学生的反馈，在授课同时留心学生的表情，及时调整自己的授课方式，充分利用动作、表情、语言的变化来吸引学生的注意力。举个例子讲，接受快的同学听老师讲某个问题，他认为自己已经弄懂了，就开始搞点小动作，或者和邻座的同学说话，扰乱纪律，他这种行为其实是为了引起老师同学的注意："瞧，这个问题，我早会了!"我们可以把这种行为理解为能力的释放，这时如果老师批评他，就会打断授课思路，影响其他同学上课。批评不当，还会伤他的自尊心，使他失去学习兴趣。老师随机设计一个比较难的问题来提问他，以引起他的听课兴趣（当然，这个问题要紧密联系所讲内容），在提问的同时，用眼神告诉他："专心听讲，老师注意到你啦!"对接受能力差，听不懂老师所讲内容的同学，我们也应该从课堂学生的表情及动作表现上，及时发现他们因听不懂而放弃听课去做小动作，或者找邻座说话的问题。对这种学生，我们单纯提醒他注意听讲是没有任何作用的。怎么办呢？笔者认为应该适时降低难度，激发兴趣。同样是提问，我们可以设计简单的问题，也可以多给一些提示，引导着学生说出答案，目的也是让他知道老师注意到他了，他应该和其他同学做的一样好才对。

授课要讲究方法。目标学习法是一种很好的授课方式。上课伊始，老师先提出本节课要达到的教学目标，清清楚楚地列在黑板上，使整节课的教学都围绕这一目标进行，条理清楚，学生也容易把握重点，这种方法适用于中高年级。低年级段以培养学生学习兴趣为主。授课中教师要善于利用多媒体、挂图、学具等教学手段。适当教学手段的运用有利于活跃课堂气氛。课堂气氛活跃了，同学们积极参与，就有利于提高教学效果。灵活多样的授课方式也有助于语文教学顺利和高效的开展。根据课文内容带领学生编演课本剧、指导分角色朗读、组织开小辩论会、组织分组朗读比赛、写话比赛、接龙游戏等等，都是课改提倡的教学形式，也是行之有效的教学方法。

三、作业有节制

孔子云，温故而知新。告诉我们布置作业这一教学环节的必要性和重要性。但是减少学生课业负担，保障学生身心健康是教育工作者的责任和担当，同时作业量的多少也是学生评价老师的标准之一，这就要求我们严格控制作业量。作业适量才能既不增加学生课业负担又起到巩固复习的作用。怎样留量少又达到复习巩固效果的作业呢？第一，少留重复性作业；第二，不留惩罚性作业。从一年级到五年级的语文都有识字教学的任务，怎么更有效、更牢固地记忆生字新词呢？这是老师们一直思考的一个问题。有些老师和家长认可的方法是多写，一个生字写五遍、十遍，如果写错了某个字，再把这个字罚写十遍。这个方法从道理上讲确实有效，按照遗忘规律，反复重复记忆会加深记忆效果。但是笔者关注到一个奇怪的现象：期末考试，那个被罚写十几遍的字还是被学生写错了。通过调查发现，这样的现象并不是个例，而是具有一定程度的普遍性。反复写重复写为什么记不住？笔者认为关键在学生自己。老师让他写同一个字，写第一遍，他还看看、想想、动动脑筋记。写第十遍就成了机械运动，再写一遍就成了应付差事。笔者留心过几位有经验的语文老师留生字作业最多不超过三遍，只要会写，写一遍也可以。虽然写的遍数少，但一学期下来，一本书的生字全班同学都会写了，成绩还很好。这就是充分调动学生学习积极性的结果。

留预习性作业有助于学生对新授内容的理解，有助于培养学生独立思考能力。重视预习作业同时有意识地训练学生写预习日记或者心得，效果会更好。学生写预习日记或心得，其实是在整理自己的思维，在预习中发现了哪些问题，得到了哪些收获。写出来，哪怕只有几句话，只要经常坚持就是一种思维体操。除了预习性作业、巩固性作业之外，我们还可以考虑留以下几种类型的作业：选择性 AB 作业、梯度的作业、发挥性作业（主要是习作练笔类）。批改及时是发挥作业反馈功能的关键环节，教师既要重视"留"作业，更要重视"批"作业，双管齐下，才能使留作业这一教学环节发挥其应有的巩固复习、信息反馈作用。

四、辅导有针对

有些学生因为接受能力较差，课堂上老师讲授的新知识不能完全接受，做起作业来就存在这样那样的问题，需要老师课下辅导。辅导学困生时，老师的态度最重要。因为学生没有完全掌握应知应会的知识，而别的同学比自己强，他首先感到的是胆怯，如果老师再严厉地批评一顿，他就更战战兢兢，没有心思听老师讲的内容，这种情况下，老师讲得再精彩再用心，他也听不进去，事倍而功半。

辅导学困生，要有针对性。针对学生个体存在的问题进行个性化辅导，不要面面俱到，也就是说重点放在出问题的知识点上，根据问题学生的接受能力和认知基础想方设法，巧妙引导帮扶，协助学生自己攻破难题，而不仅仅是知识的灌输。另外要格外重视成果巩固，在学生克服掉困难后及时设计同一类型问题来增加练习强度，巩固所学。

携手素养，与你的未来同行

现代社会要求公民具备良好的人文素养，具备创新精神、合作意识和开放的思想，具备包括阅读理解与表达交流在内的多方面能力，如何让语文学科在培养全面发展的高素质人才上发挥重要作用呢？在语文教学中重视综合学习，教学中始终把帮助孩子适应未来社会的需要作为培养重点，语文教学才不乏前瞻性。

一、语文课堂教学和社会生活实践活动密切联系起来

语文教学走出课堂，扩大外延，让学生学习不仅仅限于课本上的知识，而且能以课本知识为中心，延长学习半径，通过大量实践活动扩大视野，学习到许多课外知识，并使自己多方面能力得到提高。五年级下册《灯光》中有这样一段文字："他又划着一根火柴，点燃了烟，又望了一眼图画，深情地说：'赶明儿胜利了，咱们也能用上电灯，让孩子们都在那样亮的灯光底下学习该多好啊！'"能用上电灯，让孩子们在那样的环境下学习是郝副营长的梦想。对我们来说，这太容易不过了，然而在那个年代还有很多让我们无法想象的艰苦环境，不仅没有灯光，还面临着战火纷飞，甚至死亡威胁。在讲析郝副营长这段语言描写时，

我及时插入了一段推荐阅读，带学生走出课堂扩大学习外延：在新中国建立前，一个在监狱中出生的孩子生活在黑暗潮湿的环境中，吃着发霉发臭的饭菜，穿着大人改小的囚衣，用着草纸钉成的本子和一截短短的铅笔头坚持学习写字……在孩子们好奇的目光下，我把课外读物中《我的弟弟小萝卜头》一文推荐给了孩子们延伸阅读，并告诉他们文章叙述新中国建立前，"我"的弟弟"小萝卜头"随爸爸妈妈一起关押在国民党监狱，在艰苦的环境下，弟弟克服种种困难，刻苦学习的事情。教育学生珍惜今天的幸福生活，懂得为将来建设祖国而努力学习。因为年代久远，对于现在的学生来说，渣滓洞黑暗潮湿的生活环境、发霉发臭的饭菜、大人改小的囚衣不曾见过；妈妈用草纸钉成的本子、政治犯黄伯伯作为生日礼物送的铅笔头儿也不曾听说过；至于国民党、特务、政治犯、难友，这些时代性非常强的词语，更是难以理解。

越是距离我们现在的生活遥远，越说明我们现在的生活幸福，这不仅是教育学生刻苦学习的好材料，更是指导学生珍惜幸福、热爱生活、树立理想的人生航标。为了充分发挥教材及课外阅读活动的德育教育优势，在学习《灯光》这篇课文前后，我发起请爷爷奶奶讲过去的事情，搜集资料，阅读革命先烈的动人事迹，了解解放前黑暗社会现实等活动，并鼓励学生在爸爸妈妈帮助下阅读长篇小说《红岩》的前言、后记及描写小萝卜头狱中生活的有关章节，还鼓励学生观看《烈火中永生》这部电影。

通过延伸阅读，学生更进一步领悟课文内容，并深深被解放前同龄少年的苦难生活所震撼，被小萝卜头刻苦学习的精神所感染。我们的学习并没有结束，我给同学们布置了一篇想象作文，题目自选。《我和小萝卜头比生活》《我和小萝卜头比学习》《我和小萝卜头比理想》，让学生把自己和小萝卜头的生活、学习、理想相对比，把真实情感写出来，既是一次成功的作文训练，也是一次怎么做人的自我教育。

二、充分发挥语文教材语言优势，在朗读中陶冶情操，对学生进行潜移默化的审美教育

新一轮《课程标准》对语文学科的性质做了更进一步的诠释，强调了语文学科的人文性。语文教学不仅仅是传授给学生遣词造句、布局谋篇的知识，更重要的是通过理解教材、诵读教材，对学生的价值观、人生观进行潜移默化的影响。语文教学应密切联系我们的生活实际，充分开发语文学习的环境，把生活的情趣引入课堂。把生活积累运用于语文学习，更有利于学生语文素养的提高。

《我的小马》是一篇叙述小马健康成长的散文，描写了大草原美丽风光、小马与我之间纯洁真诚的情感交流的画面，以培养三年级学生爱自然、爱动物、爱生活的高尚情感，在教授这篇课文时，充分发挥朗读的作用，从读中见真情、求真意、求真趣。

（一）多方位联想开发语文学习的环境，创设情境

伊利奶粉的电视广告片上线了，白云、蓝天、碧绿的大草原，并且配有儿童诗朗诵"天苍苍，野茫茫，风吹草低见牛羊……"为了让同学们对大草原有个感性认识，我让同学们在每天的广告时间连续收看伊利奶粉的广告片，并在每日课前一诗时间教读《敕勒歌》，使学生对远离我们实际生活的草原牧民生活从视觉、听觉角度反复加强美感刺激，为顺利理解课文中的"真正的春天来到了，玉龙雪山明朗的笑脸在蓝天下闪闪发光，从山上流下来的小溪欢快地走过村前的草滩，溪水里漂着杜鹃花……"这段草原景象描写做铺垫。

（二）抓住重点词语，联系生活实际，形象理解词语内涵，领悟词语要表达的感情

在学生朗读"丹丹怯生生地离开妈妈，轻轻地嗅触嫩草和野花"。一句时，提出"怯生生"一词怎么理解？同学们讨论后发言，有同学

说"怯生生"就是害怕，再进一步提出问题："丹丹为什么害怕呢？"同学们回答："因为第一次离开妈妈，不知道会遇到什么样的危险情况就感到害怕。"老师继续引导："同学们，你有没有离开过爸爸妈妈自己去办一件事情的经历？你第一次离开爸爸妈妈是怎么想的？害怕了吗？"同学们七嘴八舌都抢着讲自己的经历："第一次在幼儿园门口哭着不肯离开妈妈进园门；第一次自己在家忐忑不安总想给妈妈打电话；和妈妈在市场买菜，猛一回头，不见了妈妈……"让学生以同样的感情来感受丹丹第一次离开妈妈的孤单、害怕心情，从而形象理解"怯生生"一词，把句子读出感情。

（三）互相评价，以评激趣

找一位同学读课文，让其他同学当评委，指出哪一句话读的感情不够充沛，应该怎样读？哪句话读得好？好在哪里？再让大家一起有感情地朗读。同学之间的评价比老师的评价更有督促作用，因为同学们处于共同学习状态，竞争意识强，同学间的批评学生更乐于当作一种挑战。例如朗读《我的小马》时，我让同学们分组，一个人读，其他同学提建议，达成共识后，整组同学一起读，这样读的兴趣高，效果好，每个同学的朗读能力都得到提高。情动而辞发，情是文章的灵魂。高尚的情感源于对美好事物的理解和感悟，充分发挥语文教材的语言优势，重视感情朗读，从读中见真情，读中悟真理，读中求真趣，是语文学习的手段，也是语文学习的一种境界。

三、读写并重，培养学生创造性思维，诱发创新灵感

（一）利用课文留白，培养学生想象能力

课文是积累语文知识、培养语文能力的重要依据，教师在课堂上善于发现和挖掘课文中可以激发学生创作激情的空白处进行片段写话训练，既有利于学生深刻理解课文内容，又有利于培养学生的想象力和创造力。如学习《小红松救活了》一课，课文结尾部分写道，过了几天，晚上收工时，马永顺爷爷绕道来到受伤的小红松前，看到小红松充满活力的样子，高兴地对大家喊："快来看啊，受伤的小红松救活了!"课文到此处戛然而止。那位年轻的拖拉机手听到马永顺爷爷的话了吗? 他当时怎么想的? 说了些什么? 课文没有再继续描写，为我们留下了想象的空白。于是我利用这个空白让学生发挥想象，续写看到了受伤的小红松救活了，马永顺爷爷和那位青年拖拉机手的对话；在五年级下册《桥》一文结尾处写道："五天以后洪水退了，一个老太太被人搀扶着来这里祭奠。她来祭奠两个人，她的丈夫和她的儿子。"面对为了保护群众的生命财产献出生命的老书记，面对失去丈夫和儿子的老奶奶，人们是怎么想的? 怎么做的? 又是怎么说的呢? 课文又为我们留下了想象的空白。老师抓住这一训练契机让学生根据课文内容，续写一段人们祭奠老支书的场面描写。这样的写话训练，不仅使学生对课文内容理解得更深刻，而且学生的想象力和创造力也得到相应的提升。

（二）变换形式，拓宽思路

在古诗、古文教学中，学生在弄懂重点字词句的意思，了解古诗、古文写作背景的基础上，我鼓励学生对古诗古文进行改写，如古文《道边李苦》改写成故事《善于思考的少年王戎》；《揭竿入城》改写成幽默笑话《一个不动脑筋的人》；《山行》改写成写景作文《太行山秋色》。在变换文章体裁写作训练中，我注意指导学生充分发挥想象，大胆运用描写、叙述、抒情、议论等表达方式进行改写，学生对这种再创造活动兴趣极高，他们积极查阅资料，反复朗读，热烈讨论，认真改写。通过这种训练，学生写作能力提高了，对学习古文也产生了浓厚的兴趣。

（三）动手动脑找材料，说说写写练表达

写一段完整、通顺、有条理的话，是三年级作文训练的目标。设想一个有吸引力的开头，如："晓玲是个非常爱哭的女孩子，动不动就两眼泪汪汪的，可是这一回，她却没有哭……"让学生根据这句话展开丰富想象，写一件完整的事。还可以给出一组词语，让学生合理安排顺序，发挥想象，写一段话，如美丽、台阶、神山公园、电视塔、弯弯曲曲……同学们根据自己的生活经验，按游览顺序写出了《美丽的神山公园》。给材料，让学生动手制作，是发展学生创造力的又一途径，如在完成习作《我做家务事》时，我拿来了苹果、橘子、香蕉、蒸熟的土豆、沙拉酱等食物，又准备了水果刀和案板，指导学生在课堂上亲自制作水果沙拉这道菜，做好之后大家品尝。同学们兴致极高，老师让学生口述制作过程和品尝感受，同学们也讲得头头是道。老师趁热打铁，让学生按先后顺序，有条理地把水果沙拉的制作及品尝过程写下来，就成了作文《我做家务事》，写作训练效果极佳。

语文是一门听说读写并重的综合学科，它和我们的生活息息相关，作为一名小学语文老师，重视语文学习和社会生活实践之间的联系，尊重学生个人情感体验和审美情趣，积极倡导综合学习，注重提升学生语文素养，语文教学既要紧密联系当下生活，又要有前瞻性教学思想，与孩子未来应具备的良好素质相约同行。这是新课程标准的要求，也是素质教育赋予我们的神圣使命。

练就慧眼，不错过一道美景

我们的小学语文教材，几乎每一篇课文都向孩子们展示了美：生活的美、自然的美、人性的美、历史的美、社会的美、有形有情。一篇篇洋溢着民族文化气息的课文，一首首美轮美奂的诗词，让我们得以带着学生，仰望秦时明月，聆听唐宋音韵，采撷现代华章。我们要做的是怎样引领儿童走进文章，对话作者，练就慧眼，学会审美，不错过一道美景。

一、学会发现美、欣赏美

语文教材本身就是可供我们挖掘的美的富矿。《圆明园》断壁残垣是美，因为它记录了我们祖国母亲历尽苦难，饱受忧患；《世纪宝鼎》是美，因为它凝聚了古代文明，铭刻了民族文化精髓；《鸟的天堂》是美，因为它带我们走进自然，聆听天籁；《桂林山水》是美，因为它带我们游历山水，饱览祖国大好河山……如何上好语文课，引领学生漫步语文天地，体验美好情感，博采文化精华，增长人生智慧，是语文教学的真正价值所在。

"露从今夜白，月是故乡明"，远离故土的人，总会思念故乡，这是人世间最美的情感。语文教材中选编的一首首诗词，都是游子思乡怀乡的绝唱。如何把握教材，带领学生穿越时空，对话作者，去品读词句之美，感悟意境之美，体会挚爱真情之美，是语文教学中发现美的一个重要环节。

小学语文五年级上册选编的思乡组诗《古诗词三首》给笔者提供了研究的范例。在教学中笔者深挖教材，确立了以下三个重点问题和学生一起穿越时空，对话作者，赏美景，品挚情，享受美的历程。

1. 正确、流利、有感情地朗读、背诵三首古诗词，从遣词造句的角度，发现古诗词文短情长，一字千钧的简约之美，激发学生在口语和书面语表达中引用诗词的兴趣。

2. 通过看注释、查阅资料、边读边想象等方法，感知诗词的大意，体会作者的思乡愁绪，感悟挚爱真情之美。

3. 通过三首诗词的对比学习，了解写景抒情、叙事抒情，写景叙事抒情融为一体，三首诗三个视角，三种表达方法，感悟诗人妙手著文章的写法之美。

在教学策略上笔者选择了"自学辅导法",以学生自主、合作、探究为主，老师的点播引导相辅助。

在教学过程中笔者重点抓好以下几步。

（一）铺陈导入，感染激情

上课伊始，老师为同学们做了一组数据的对比：

从天津至云南昆明

行程 2768.9 公里

步行　n 年

骑马　n 月

汽车　40 小时

火车　42 小时

飞机　4 小时 30 分

通过对比使同学们了解古代因为交通不发达，资讯不畅通，一个远离家乡的游子心里积淀最深的就是思念家乡，思念亲人的情感，而唯一能宣泄情感、寄予相思的途径就是诉诸文字，写成诗篇信札。正因为这浓情挚爱聚集得太多太久，浸透在字里行间，使这些诗篇虽穿越千年却能让我们今天读来依然心潮澎湃，泪落如珠。思乡是一种平凡而又高尚的情怀，它像血液一样，流淌在我们民族的历史中，由古至今，从未间断。今天我们再来读三首思乡的诗词，来共同感受这人间真爱挚情。

通过课前的介绍、铺陈、渲染，激发起学生的情感共鸣，使他们愿意主动去搜集资料，了解作者，了解诗词的创作背景，疏通诗词大意，为理解诗词意境，感悟作者情怀做实基础。

（二）自读批注，读解语境

首先，指导学生自读诗词。

1. 提出问题，引领思路。透过诗中哪些词语，你能体会到作者对故乡的思念？引导学生在书上圈一圈、画一画，还可以写写简单的批注。

2. 交流感悟，指导朗读。重点预设"一水间""只隔""绿""又""何时""还"等重点词语。

3. 还原诗境，感情朗读。在奉诏进京的途中，是融融的春风，浓浓绿意，家乡的春景勾起了诗人无限的乡愁，思乡的王安石，久久地站在瓜洲古渡，江水边，明月下，想着自己的家乡，发出了感慨：明月何时照我还？引导学生发挥想象，穿越时空，还原诗境，感情朗读。

（三）抓细节，品神韵，赏意境

指导学生自读体会《秋思》，并提出问题。诗中没有一个字直接写思乡怀乡之情，我们却从字里行间读出了诗人张籍那浓得化不开的乡情乡愁。那思乡的张籍又做了什么，让我们感同身受呢？学生自然想到诗人"复恐匆匆说不尽，行人临发又开封"的细节。书成封就之际，似乎已经言尽；但当捎信的行人就要上路的时候，却又忽然感到刚才由于匆忙，生怕信里漏写了什么重要的内容，于是又匆匆拆开信封。"复恐"二字，对诗人的心理刻画入微。而这种并不确切的"恐"，促使诗人不假思索地做出"又开封"的决定。诗人没有写信的具体过程和具体内容，只撷取家书就要发出时的这个细节，正显出他对这封"意万重"家书的重视和对亲人的深切思念——千言万语，唯恐遗漏了一句。信短情长，一个小小信封哪能承载游子所有的情感呢？抓住细节，品其神韵，达其意境。学习作者通过细致入微的动作描写和心理描写来表达感情的方法，体会作者用词的准确生动。

（四）含英咀华，斟酌用字，体会诗词"一字千钧"的简约之美

《长相思》是清代词人纳兰性德描写边塞军旅途中思乡寄情之作，诗人描写：将士们跋山涉水，向山海关进发。入夜，又是刮风，又是下雪，将士们从睡梦中醒来，再也睡不着了，不禁思念起故乡来，通过回

返复沓的朗读读出边塞军旅的千辛万苦。进一步品意蕴，故园无此声。顶顶帐篷，点点灯火，本该是多么豪迈多么壮观！然长途跋涉之后，在这样一个野外宿营的寒夜里，却要听着寒风朔雪的嘈杂声，叫人怎能安然入睡？指导学生带着不安、无奈的感觉读下阕。故园没有这样的风雪交加，故园不会这样的卧不成眠，故园不会这样的寒冷孤寂；故园，有的是宁静祥和，有的是亲人关爱，有的是温暖舒适……这一切的一切交织在一起，融成了一个字，一个包容作者此时心中一切所想所思的字，那就是——碎。从这一个"碎"字，你读出了作者一颗怎样的心？指导学生带着心碎的感觉读下阕。

通过对重点字的赏析，含英咀华，斟酌用字，体会诗词"一字千钧"的简约之美。理解中国诗词不着一字尽得风流的妙处。"碎"这一词的教学，无疑是本课的一个亮点。寒夜风雪交加，将士们怀乡念远不堪入梦，其神韵都在一"碎"字。这是一个看似平常，实则蕴意深刻的文眼，稍不注意就可能像泥鳅一样从我们的视线中滑落。紧紧抓牛这个词语，展开丰富的想象，启发学生从不同的角度，不同的层面，怀着不同的心情来读这句话，会读出风雪交加、羁旅怀乡、肝肠寸断的惆怅，教师钻研教材如发现并抓住这个词，就掌握了正确处理教材的一把钥匙，便是抓住了"文眼"。毫无疑问，有了对教材的独到见解，引人入胜的教学设计就会产生。

一堂语文课的成功，源于教师对教材深入的理解和挖掘。初读教材，发现美；品读教材，挖掘美；讲读教材，展示美；拓展练笔，再现美。

二、学会再现美、创造美

狄德罗曾经说过这样一句话："知道事物应该是什么样，说明你是聪明的人；知道事物实际是什么样，说明你是有经验的人；知道怎样使事物变得更好，说明你是有才能的人。"老师要把自己想象成一名导演，不能仅仅满足于把一节课讲得津津有味，满足于把教材挖掘得如何深入，而旁征博引、滔滔不绝，沉浸在自我欣赏之中，更重要的是调动学生的感官，发动学生欣赏美，让学生来做语文园地中欣赏美、展示美的主角。

（一）遣词造句，练表达

小学语文教材四年级上册《巨人的花园》中描写春天花园景色美丽，是孩子们生活的乐园一段，老师重点引导理解"洋溢"，感受欢乐；具体做法有以下两个方面。

（1）理解词语：能给"洋溢"换个意思差不多的词吗？（充满、荡漾、流淌）。文中为什么用"洋溢"？学生难以回答，老师顺势造境，在具体语境中解词，教学生学会运用。

出示一组句子辨析：

"孩子们伤心地哭了，屋子里洋溢着孩子们的哭声。"

"花园里常年洋溢着孩子们欢乐的笑声。"

学生通过具体语境理解词意，明确"洋溢"往往用于比较欢快的场面。

（2）进行造句训练：谁能用"洋溢"造一个句子？本次训练设计意在通过辨析，知道洋溢用于欢乐的场面，再进行造句练习，学以致用，进一步理解词语，遣词造句，练表达。

（二）补充语句练表达

阅读教学中按原文内容补充语句练习，既是对文意理解的加强，也是对学生表达能力的训练。在教学《巨人的花园》一文中，笔者有意设计了如下补充句子练习，穿插在课文讲读中，当堂检查学生的词、句积累情况，训练学生语言表达能力。

当巨人外出时，花园是如此的美丽，孩子们的笑声传遍每一个角落，但好景不长，巨人回来，赶走孩子，砌起围墙，竖起一块"禁止入内"的告示牌。春天来时，花园里＿＿＿＿＿＿，可是当可爱的孩子们从围墙的破损处钻进花园玩耍时，花园＿＿＿＿＿＿。而就在巨人训斥孩子，孩子们纷纷逃窜的瞬间，花园又＿＿＿＿＿＿。最后，当巨人拆除围墙时，花园又＿＿＿＿＿＿。

通过补充句子学生们会发现四季景色美丽的花园，忽而春意盎然，忽而寒冬腊月，课文那优美又充满想象力的语言以及鲜明的对比仿佛把我们也带入了神奇的花园。本组训练项目的设计意在对全文写景的内容进行全面回顾梳理，感受花园的变化，理解快乐需要分享的道理，并让孩子进行再现性训练，使所学的知识内化。

（三）课中练笔，练表达

课上小练笔，成就作文大手笔。好的课文总有意犹未尽的留白之处可以由学生的感受和理解去弥补、去填满、去创造。笔者正是抓住这契机让学生在课文阅读中发现美、欣赏美，并通过课上小练笔来再现美。

教学朱自清先生的散文《匆匆》，我感触颇深。文章紧紧围绕"匆匆"两个字，细腻地刻画了时间流逝的踪迹，表达了作者对虚度时光的无奈、惋惜以及为前途不明感到彷徨的复杂心情。用优美抒情的语言表达细腻的情感是文章的写作特色之一。文章成功之处是作者对时光踪迹的细腻描绘、真切感受，理解的难点也恰在于此。[①] 尤其像"八千多日子已经从我的手中流去，像针尖上的一滴水滴在大海里，我的日子滴在时间的流里，没有声音，也没有影子。"这样的语句比喻贴切、语言优美，如何让学生把这语言的美，内化成自己的知识储备，转化成表达

---

① 人教版义务教育课程标准实验教科书，六年级语文下册第一单元第二课《匆匆》第九页第一段。

能力，进行再创作呢？我引导学生抓住课文开头和结尾反复出现的设问句："聪明的，你告诉我，我们的日子为什么一去不复返呢？"从课文内容想开去，鼓励学生从不同角度思考，可以想自己的日子是怎样度过的？身边的人日子是怎样度过的？我们（他们）充分利用时间了吗？做了哪些有意义的事？已经过去的日子让我们留恋吗？为什么？之后回到课文中来，看一看作者笔下主人公的日子是怎样度过的，对过去的日子，他有什么样的感受？学生很自然地理解了课文中具体描写日子来去匆匆的语句，并联系生活实际说出了时间在人们不经意间悄然而逝的特点，如：写作业时，时间从笔尖下溜走；看电视时，时间被主持人姐姐带走……为了加深对课文内容的理解，灵活运用课文中学到的表达方法使学生更好地珍惜时间，把握今天，我把《匆匆》一文改写成《告别八千个日子》，让同学们仿照课文写出自己的感言《告别四千个日子》，学生很自然地运用课文中一些句式、写法，写出自己的真实感受，说明他们真正读懂了《匆匆》并能学以致用。

（四）作业布置练表达

以《巨人的花园》一课教学为例，细细阅读全文，我们会发现，童心、童趣是文本的写作基调。"站在巨人的脚下，爬上巨人的肩膀"这种思维与活动方式为孩子们所向往。拥有超人的神力，更是孩子们形象思维的典型体现。因此，在全文朗读的基础上，布置作业小练笔，让孩子充分发挥想象，进行二次创作，展示美、创造美。在阅读教学结束后笔者布置了如下作业，多角度多层面地让孩子们在语文世界里去分享美。

作业小超市（选择最感兴趣的一题，自由完成）

（1）选择文中你最感兴趣的描写花园的句子，有感情地读读背背，并积累在自己的摘录本上。

（2）巨人的花园一年四季可真美，请你把课文第一自然段扩写成一篇写景的文章。

（3）阅读王尔德的童话故事《快乐王子》《夜莺与玫瑰》《忠实的朋友》《小公主的生日》

课下阅读王尔德的童话故事《快乐王子》《夜莺与玫瑰》《忠实的朋友》《小公主的生日》等童话故事，让学生在童话的王国里去自己发现美、欣赏美。积累好词佳句，背诵喜爱的段落是语文素养的积淀，把写景的段落扩写成一篇写景的文章更是让学生充分欣赏巨人花园的美丽，分享孩子们快乐生活的同时进行再创造，用我手写我心，写出自己心目中美丽的春天，创造出属于自己的一份美丽。精心的作业布置也是老师在深悟语文教材内涵之后的一次再创造。

语文课具有丰富的人文内涵，从课文内容上讲，天文地理、中外古今无所不包；从思想感情上讲，或赏心悦目、或回味无穷、或动人心魄、或刻骨铭心；从教学效果上讲，可以提高道德境界，培养审美情趣，启迪人生智慧，丰富文化积累。李白眼中庐山瀑布的壮美；巴金笔下鸟的天堂之和谐明丽丰富了我们的审美内容；草船借箭、完璧归赵等故事彰显了那种披肝沥胆、运筹帷幄的智慧；小珊迪、渔夫和桑娜等人物身上表现的正是人类善良、淳朴、敢于与命运抗争的不屈精神……这就是我们的语文，一个蕴藏着无限精神财富，充满了审美情趣的语文！作为一名语文教师带领孩子们徜徉语文天地，提高文字素养，培养审美能力，把每一篇课文的教学都当作一次发现美、欣赏美、再现美、创造美的历程，是我们的境界也是我们的幸福。

参考文献：

［1］王崧舟．王崧舟教学思想与经典课堂［M］．太原：山西教育出版社，2005.

［2］义务教育课程标准实验教科书六年级语文下册．教师教学用

书［M］．北京：人民教育出版社，2017.

　　［3］义务教育课程标准实验教科书四年级语文上册．教师教学用书［M］．北京：人民教育出版社，2017.

教育之歌，善于倾听更悠扬

　　我从小是听着袁阔成、单田芳等老一辈艺术家的广播小说、评书长大的。那时候家中没有电视、电脑，唯一值钱的家当就是一台收音机。每天中午 12：00，我准时收听广播。于是《野火春风斗古城》《烈火金刚》《青春之歌》《钢铁是怎样炼成的》《岳飞传》《隋唐演义》等文学作品伴着我童年时简单的午饭成了一道精神佳肴，滋润着我、营养着我，使我爱上文字，并且受益终身。长大以后，广播小说、评书中的许多情节和幽默风趣的语言还时时回响在耳畔。

　　今天随着科学的发展进步，电视、电脑、CD、音响进入了家庭，进入了课堂，丰富多彩的画面内容使人得到了充分的视觉享受。视觉艺术的发展掩盖了听的魅力，广播小说、评书等艺术形式也悄悄地退出了历史舞台。其实听是一种能力，听是一种欣赏，听也是一个很好的学习渠道，作为一名小语老师，要教孩子学会倾听，我们的教育教学之歌，会因为有一批批善于倾听的孩子而更加悠扬生动。

　　现在的家长希望孩子广泛阅读文学名著、科普知识，上至天文，下到地理；远到国外，近到本市、本区、本厂的历史发展。老师也要求学生多读书，广泛涉猎文学、科学方面的书籍。尤其语文老师更有此想法，因为书读得多的同学作文能力自然就高，无论什么文题写起来都得心应手。但是通过对学生和家长的调查发现，虽然每位同学的书柜里都装满了家长从书店精挑细选购买的各种书籍，但学生并没有阅读兴趣，对老师布置的课外阅读任务也大多读一读提纲，看看题目应付差事而已。他们的心思大都在看电视动画片，玩电脑游戏上。真正喜欢读书的孩子其实很少。一方面，孩子对读书不感兴趣；另一方面，是家长、老师热切希望孩子广泛阅读。这一对矛盾如何解决呢？

发挥听的作用，培养倾听的能力，是一个很有效的办法。

也许是做老师这个职业的缘故吧，我总希望自己的孩子也是一个博闻强记、好学深思的人。可偏偏他一天中坐下来的时间太少，足球、篮球、乒乓球、电脑游戏占据了他写完作业后的一切时间。虽然我不断地给孩子从图书馆、新华书店淘回来我认为有价值的书籍，可孩子总是没有时间读进去，往往兴致勃勃看了前几页，后面的内容就被玩挤掉了。怎样做才能既不耽误孩子玩耍，不强迫孩子看书，又能大量加强阅读积累呢？孩子小时候有睡前听故事的习惯，我凭着儿童时代对广播小说的理解，想到了为孩子读书。于是，每天中午午睡前的十几分钟，晚上睡前的几十分钟就成了孩子听妈妈"广播小说"的时间。《哈利·波特》《大卫科波菲尔》《鲁滨逊漂流记》《海底两万里》《唐诗三百首》《宋词三百首》……一本本儿童文学、小说、散文集就这样在日复一日的"广播"中听进了孩子的心里。

"随风潜入夜，润物细无声。"孩子的阅读积累渐渐增多，写起作文来也得心应手。我没有强迫他"吃"名著"啃"名篇，听也一样达到了积累的效果。

作为一名语文教师怎样在语文课堂上发挥学生听的能力，培养学生认真倾听的习惯呢？

一、口语交际课的创新性运用。

提倡学生在课下听故事，记忆内容，在口语交际课上叙述，既检查课外听的效果，同时又给其他同学创造了一次听的机会，使表达的能力与倾听的能力有机地结合起来，得到充分的锻炼。

口语交际课专门练听读能力之外，平时的语文课堂教学中，我几十年如一日始终贯彻的一种教育理念：让学生自己动手找材料进行听说训练。从一年级开始老师就坚持在语文课新授内容之前，安排"课前三分钟小故事分享"活动，让一位同学讲自己准备的故事，其他同学认真倾听。因为是同学们自选的内容，所以大家都很感兴趣。加上轮流值班制使每个同学都参与进来，同学们课前积极准备材料，上课时大家都认真倾听，暗暗给自己鼓劲：下一次，我讲的故事要超过他！经过坚持不懈的努力，同学们的口语表达能力、积累素材能力、认真倾听能力都得到了充分的锻炼。

二、激情朗读，给学生提供认真倾听、用心感悟的氛围。

每一篇课文都是一份好的朗读材料，作为语文老师，只要我们用心感悟，深刻挖掘其感情色彩，之后在课堂上激情朗读，谁又能否认这是对学生最好的倾听训练呢？

人教版义务教育课程标准实验教科书，六年级语文上册第一单元第一课《山中访友》就是一篇朗朗上口的朗读佳作。本文出自著名诗人、散文家李汉荣先生之手，是他发表于1995年第三期《散文》杂志中的一篇散文佳作。这是一篇构思新奇、富有想象力、充满好奇心的散文。作者带着好心情走进山林，探访山中的"朋友"，与"朋友"互诉心声，营造了一个如诗如画的世界，表达对大自然的无限热爱之情。本课的重点是感受作者对山里的朋友那份深厚的感情，并体会作者表达情感的方法。[1]

如何让学生感受作者对山里的朋友那份深厚的感情，体会作者表达

---

[1]　义务教育课程标准实验教科书六年级语文上册《教师教学用书》人民教育出版社，第四页第一段，第二段。

情感的方法？我选择让学生倾听老师的示范朗读，从倾听中品味字里行间的深情，在倾听中感受语言的魅力。而课文《山中访友》有着诗一样的韵律和情怀，飞扬着作者丰富的想象，从文字背后透射出作者鲜活的气质和性情，是一篇非常适合通过朗读诠释内容，释放感情的好文章。老师的范读，激起了学生们的朗读热情，文章所特有的那种诗一般的语言，诗一般的韵律，诗一样的情怀都通过老师的激情演绎如涓涓流水流入学生的心田，这时候老师再不失时机地给学生创造情景让学生自己朗读，在朗读中尝试模仿当时情景，跟山中的"朋友"打打招呼。领悟作者描写的意境，表达的感情，在熟读课文的基础上，让学生选择自己最喜欢的部分背诵，整个课堂没有乏味的写法讲解和机械的句段训练，语言感染，情感表达水到渠成。

学会倾听，从澎湃的涛声中你会感受到力量；学会倾听，从啁啾的虫鸣中你会聆听到天籁；学会倾听，从平凡的学习和生活中你会领悟到人生的真谛。学会倾听、学会思考，不正是自主性学习在课堂内外的最好表现吗？

参考文献：

［1］义务教育课程标准实验教科书六年级语文上册．教师教学用书［M］．北京：人民教育出版社，2017.

尽情驰骋，给你兴趣新天地

誉满欧美的著名学者、心理学教授巴甫诺奥曾写过《快乐学习法》一书，这本书先后被翻译成几十种文字，在世界各地畅销不衰。他在书中赋予快乐学习以更广义的解释，他认为：快乐学习是一种享受，学到新知识是一件快乐的事，读书、上课、完成作业、复习功课、与同学交往、向老师提问等都是很有趣的学习。他提出：有一种有效的办法可以把不喜欢的事或没有兴趣的事转化为有兴趣的事，那就是加深对这些事物的理解，并实际参与到其中。如果把自己的人生目标和自身情况与这种对新事物的学习结合起来，那么你便会对它产生浓厚的兴趣。

我们不妨把语文课堂教学看作是导演一部电影，文章就是剧本，课堂就是片场，书本都是道具，老师就是导演，学生才是主角。老师应该意识到每个学生只有被关注，是主角的情况下，才能更好地参与到学习中来。要把戏演好，让学生入戏，是关键。要想办法让学生找到主人翁的感觉，教师要适时为学生搭建舞台。

美国心理学家罗森塔尔与助手做过一个著名的实验。他们到一所学校随意抽取一组一年级的学生，然后告诉这些学生的老师们说，班上的这些学生属于必成大器者，并把这些学生的名字念给老师们听。结果也是出人意料的。在学期末，再次对这些学生进行智力测验时，他们的成绩明显优于其他同学。为什么会产生这种出人意料的效应呢？罗森塔尔认为，如果老师对某些学生抱有较高的期望，给他们设定较高的学习目标，并经常对他们进行鼓励、关注，这些学生将会以积极的态度对待学习，会更加勤奋努力，一般都会取得老师所期望的显著进步。这实际上是老师对学生的一种积极的心理暗示，使学生意识到自己的价值与潜力，对自己产生了自信心，从而产生了学习的动力。这就是著名的罗森塔尔现象，从这个故事中我们不难看出：周围人们的信任、欣赏对孩子的发展有着多么大的影响力！每一个孩子都希望得到别人的肯定，周围的人都认为他行，他就没有办法不行。

"我能行！"作为教育者，我们的任务就是让孩子找到这种感觉。

本学期，笔者接任本校六年级二班语文课，在和浩浩同学接触中，深感老师对学生的态度，对保护学困生的学习兴趣，转化其学习态度至关重要。下文引用笔者写的一段工作日志：

> 浩浩同学是班里有了名的学习困难兼行为习惯差的孩子，我刚接这个班，已经不止一次领教了他的各种不尽人意的表现：作业少写，字迹潦草，答案错误率高；上课走神，回答问题驴唇不对马嘴，让老师哭笑不得；作文不会审题，作文写出来，老师竟然不知其所云为何事、何物？

因此，他成了我关注最多的学生。

一次，课堂作业里有一道题是仿写句子，例句：在蔚蓝的大海上起飞，我是一只展翅高飞的海燕。要求学生用上"在＿＿＿＿＿，我是＿＿＿＿＿"的句式写一句话。

同学们开始做题了，我走到孩子们中间去，随堂批阅。按照习惯，第一个走到浩浩身边，浩浩仿写了这样一个句子："我学习差，在老师眼里我是白痴。"我看完了之后，用修改符号帮他在原句上做了一些修改，句子改成了："虽然我学习差，但是在老师眼里我是个可爱的孩子。"

我对浩浩说："把老师改后的句子读一读，看看老师改得好不好。"浩浩小声地读起来，读完之后，轻轻说了一声"好"。他没有抬头看我，但我看见他接下来写的字变得一笔一画了。

赏识教育专家周弘曾说过，承认差距，允许失败，才符合生命成长的规律。做孩子的老师，更要做孩子的朋友。平等的态度给孩子平静的心情，心静而生慧，孩子心情平静了才能把事情做好。老师对学生的尊重，拉近了师生之间的距离，给孩子以希望，促使其逐渐淡化并消除自我否定的心理定势，树立"别人行，我也能行"的信心。正是这种尊重、信任和期待为孩子适时搭建了学习的舞台，使他有信心成为学习的主角。

要把戏演好，好导演是前提。导演要善于为演员说戏——有经验的老师要善于做好课堂教学中的语言引领。"戏"说得明白，说得有趣，说得通俗易懂，是对我们教学语言的基本要求，善于留白，富于启发性的教学语言才能激起学生的学习兴趣，让学生"入戏"。

语文课堂教学的精彩之处在于教师对教学语言的巧妙运用。老师应该与时俱进，关注时代，关注社会，关注网络，更要关注学生生活，留意学生们天天看的是什么，玩的是什么，说的是什么，才能获得有生命力的语言，丰富自己的语文课堂；才能在课堂教学中对教学语言进行加工改造，选择易于学生接受的语言形式，赋予课文语言时代气息与生活情趣，使其更加通俗易懂。生动活泼、富于时代气息，贴近孩子生活的教学语言，会在课堂上与学生的积极思维摩擦出智慧火花，让学生在老师春风化雨般的语言引领中自然入戏，与文本对话，在浑然不觉中成为学习的主角。

下面以李艳霞名师工作室合作教师聂荣臻老师的四年级下册《宿新市徐公店》教学案例为例，分享聂荣臻教师在指导学生自主学习时适切的语言引领。

《宿新市徐公店》教学案例

教学过程：

一、创设情境，导入新课

师：春天是美好的，春天是喜悦的，此时你脑海中有哪些关于春天的美好印象？

生1答：星期天和爸爸妈妈一起去龙湖公园春游，湖边一行行柳树垂下枝条，像春姑娘美丽的头发，一树一树的桃花开得正艳，湖里的野鸭子扑棱着翅膀一会儿飞起来，一会儿又一头扎进水里……

生2答：我家楼前开了一树一树粉红色的花，花一团一团地簇拥在一起，花瓣粉嫩嫩肉嘟嘟的，像可爱的婴儿肥，妈妈说，那就是美丽的樱花！

......

师：同学们善于观察，能够发现春天各具情态的美；最让老师惊喜的是同学们还能够绘声绘色描述春天。古人也和我们一样热爱春天，为春天写下了一首首脍炙人口的赞美诗，同学们能够回忆起来哪些赞美春天的古诗呢？

生1：我们学过《咏柳》《绝句》《春晓》

生2：我在课外背诵的《江畔独步寻花》《题都城南庄》《春夜喜雨》

生3：还有王维的《相思》和李白的《春思》

生4：李清照的词《如梦令》也是描写春天的......

师：同学们不但记住了我们学过的古诗，还在课外积累了这么多古诗，真是有心人，老师给你们点赞，《咏柳》《绝句》《春晓》等这些古诗都从不同侧面、角度向我们展示了春天的美丽景色和勃勃生机。今天，我们再学习一首描写春景的古诗《宿新市徐公店》。这首诗是宋代诗人杨万里写的。诗人杨万里也是善于留心观察、善于思考的有心人，因为他长期居住农村，对农村的田园生活十分熟悉，所以描写自然景物也就更加真切感人，别有风趣。我们一起来欣赏一下这首优美的春景诗吧。

（播放课件，边欣赏画面边听古诗朗读录音）

二、反复诵读，读中悟情

1. 初读全诗，把诗句读准确，读通顺，在此基础上，查阅工具书，并运用一边读一边想的方法，读懂每句话，了解这首诗写了什么。

2. 学生质疑，师生互动，理解重点字词。

3. 同桌之间说说这首诗的意思，鼓励学生发挥想象"添枝加叶"。

4. 生生互动交流，领会思想感情。

5. 采用多种形式反复诵读，反复吟咏，体会古诗的韵律美、意境美。

三、读画结合，训练自主学习能力、创新思维

1. 小组合作讨论：给古诗配上一幅画。根据诗意，画上该有哪些景物？

2. 读一读，画一画。

3. 反馈、评议：小组代表上来向大家展示作品，并结合图画，用自己的语言描述画面内容。

4. 评出"优秀作品"。

四、读写结合，发展思维能力

1. 根据《宿新市徐公店》描绘的景色，结合自己的想象写一段话。

2. 反馈交流。

案例分析：授课中教师充分考虑学生年龄特点，把生活的情趣融入教学语言，和孩子们进行零距离心灵接触，使语文课充满童趣，在平等交流中学习古诗。

教师通过轻松的谈话导入新课，创设轻松的氛围，激发学习兴趣。在教师的指导下，充分发挥学生的主体作用，打破传统的"逐字逐句牵引，而后串诗意"的串讲式的教学模式，鼓励学生利用工具书等可行的方法查阅字词，抓住重点字词的理解去理解诗的大意，还给学生独立思考、发挥想象的空间。强调学生的全程参与，给学生创建自读自悟的机会。采用多种形式诵读，带学生置身于诗境，与作者的情感产生共

鸣。尤其值得提倡的是教师能够顺应儿童爱美、爱画的心理，鼓励他们根据诗的内容发挥合理想象去画画，既是对学生进行美的熏陶，促进学生进一步深刻理解古诗的内容，又是对学生进行想象力的培养。

最后教师设置读写结合环节，引发学生想像。"根据《宿新市徐公店》描绘的景色，结合自己的想像写一段话"学生的学习形式由读向写的转化，为学生所学语言文字向表现能力转换铺设台阶，实现学生的思维能力、表达能力的逐步提升。

就像大多数人都喜欢外表靓丽的人一样，大多数学生都会喜欢形式有趣的课堂。形式的变化让学生对上课充满了期待，让教学语言充满生活情趣，语文课堂就会变得生动有趣，学生在老师语言引领下自然入戏，成为学习的主角，对语文课堂充满向往，这就是我们做老师导演的成功。这份成功不仅来自扎实的语言功底和善于学习、与时俱进、不断思考的教师素养，更来自教师对学生身心发展的倾情关注。

从教育心理学的角度来说，兴趣是一个人倾向于认识、研究获得某种知识的心理特征，是可以推动人们求知的一种内在力量。学习兴趣是指一个人对学习的一种积极的认识倾向与情绪状态。相关材料显示，学生对某一学科有兴趣，就会持续地专心致志地钻研它，从而提高学习效果。从对学习的促进来说，兴趣可以成为学习的原因，从学习产生新的兴趣和提高原有兴趣来看，兴趣又是在学习活动中产生的，可以作为学习的结果。所以，学习兴趣既是学习的原因，又是学习的结果。培养学生学习兴趣的重要性由此可见一斑。传统观念"书山有路勤为径，学海无涯苦作舟"，似乎学习就是苦差事只能靠毅力完成。"头悬梁""锥刺股"等的苦学故事，也是这一传统观念的佐证。现在我们要更新观念，让学习充满快乐和成就感，否则的话终身学习岂不成了终身的煎熬和痛苦？语文课堂是一个广阔的舞台，实现快乐学习就需要培养学生的主角意识，给孩子开拓出广袤的兴趣新天地，任思维的骏马尽情驰骋。

参考文献：

［意］亚米契斯．爱的教育［M］．夏丏尊，译．广西：广西师范大学出版社，2004.

张弛有道，激荡起一池春水

让语文课堂充满生命的张力，引领学生漫步语文天地，体验美好情感，博采文化精华，增长人生智慧，是语文教学的真正价值所在。

一、形成对教材的独到见解

一堂语文课的成功是多种因素综合的成功，其先决条件是教师对教材的挖掘。就钻研教材而言，大致要经历三个阶段。

首先，获得对教材的新鲜感受。感受的过程是对作品的认同过程，调动自己拥有的常识、经验、想象等，去捕捉作品中可以深挖或生发的内容。通过自己的理解、感悟、升华，形成自己个性化的独特体验，产生对教材新的"发现"。使每篇课文在已教过多次，而再接触时还像第一次那样充满新鲜的感受。

感受教材是教学构思的第一步。我曾经三次讲《詹天佑》这篇课文，每次授课后对教材都有不同的感受，在第二次授课时发现把课外收集的有关詹天佑主持修筑京张铁路期间遭受丧子之痛和朝廷权贵恶意刁难的材料夹在课文讲授之中来进一步证明：詹天佑不怕困难、不怕嘲笑，毅然接受了修筑京张铁路的任务，引起了学生对其爱国思想的强烈共鸣，效果非常好。

获得对教材的深刻理解。教学参考资料再多再丰富，也替代不了教师自己对课文的把握与理解。作品中最主要的是作者的思想，教师的思考深入到作者的思想之中，作者的思想帮助教师加深对教材的理解。意识到这一同步过程，便是钻研教材的成功。比如对《桂林山水》一文的理解。从字面上看，是作者抓住了桂林山之奇、秀、险；水之清、静、绿的主要特点，深究下去就能认识到：作者要突出呈现的是"舟行碧波上，人在画中游"的意境之美。那是一幅完美的画面，是山水浑然一体的不可割裂的美。有了这种认识，可以说获得了对教材的深层次理解。

形成对教材的独到见解是形成教学方法、教学艺术乃至教学风格的基础。例如，三年级上册课文《拐弯处的回头》一文中，"不经意"这一词的教学无疑是本课的一个亮点。爸爸不想让孩子发现他的牵挂，"似乎不经意地回头，瞟了一眼弟弟，然后才消失在拐弯路口……"其神韵都在这个"不经意"上，这是一个看似平常，实则蕴意深刻的文眼，稍不注意就可能像泥鳅一样从我们的视线中滑落。紧紧抓牢这个词语，展开丰富的想象，启发学生设身处地展开想象，满怀深情地来读这句话，会读出父亲的用心良苦、父爱的深沉庄严。教师钻研教材发现并抓住重点词语，就掌握了正确处理教材的一把钥匙，便是抓住了"文眼"。这就是见解，毫无疑问，有了对教材的独到见解，引人入胜的教学设计就会产生。

上述三个阶段反映了教师钻研教材的三个步骤：点——面——点。一篇课文的教学点或许有很多，教学中不可能面面俱到，挑选精彩的"一点"是教师的愿望，而这"一点"的确定，往往来自最初的感受。感受可能是随意的，它是否揭示了这篇教材最主要的"一点"呢？须对整篇教材予以全面透彻的理解，才能验证感受中的这"一点"的准确度和深刻度。这样一个循环之后产生的对教材这"一点"的独到见解，才是富有教学性的有质量的"一点"，是文章的文眼，也是一节精彩语文课的点睛之处。正是由于对文章这一点睛之笔的深挖才会举一反三，唤醒学生们对教材中其余内容和"空白"之处的感受和创造性学习。

二、明确角色分配，让学生成为学习的主角

一位教育家曾经说过这样一句话："学习任何知识的最佳途径是由自己去发现，因为这种发现理解最深、也最容易掌握其中的规律、性质和联系。"

笔者在执教三年级语文《总也倒不了的老屋》一课。从课堂设计到课堂训练都紧紧围绕了让学生学做"学习的主人"这一教学理念。

（一）课前展标，明确方向

刚上课，老师把本节课要完成的学习目标书写在黑板上，要求学生自读课文，独立完成学习任务。（学习目标：1. 读懂对话内容。2. 读出对话味道。3. 学习对话写法。）从这三个学习目标我们不难看出老师对本节课的精心设计，三个学标围绕一个中心——学习"对话"，分三个步骤进行有序训练：首先，粗读课文，读懂对话内容；接着要求细读对话，读出对话味道，即体会对话的情感；最后一个环节是学习对话方法，练习写对话，实现从知识学习到能力转化。

（二）精讲导学，读思自悟

针对读懂对话内容这一目标，老师设计了一道题，"读了＿＿＿＿处，我明白了＿＿＿＿"。这道题就像一枚指南针，给学生明确了学习方向，学生们快速阅读并通过小组交流形式很快解决了读懂对话内容这一部分学习任务。紧接着，老师引导大家进入第二个训练环节：读出对话的味道。在这个环节，学生通过读思结合，自己找到了读出对话味道的正确方法：1. 对话就像说话，不同于一般叙述，要有一定的语气、语调。2. 不同的人说话的语气语调不同，要注意人物年龄和身份特点。

3. 区别对话内容和叙述文字，会找提示语。

（三）拓展思维，写话训练

在知识积累的基础上，老师展示了自己写的一段对话，目的不是让学生欣赏而是让学生挑毛病，因为这段对话内容紧贴生活实际，就是师生之间真实互动情景的再现，所以激起了学生们的极大兴趣。同学们从语气词的使用，形容词的添加，提示语的使用等多个方面提建议，丰富了对话的内容，使这段对话读起来声情并茂。这个修改对话环节就像一截梯子给后面的写话练习做了很好的铺垫，使写话训练水到渠成。学生们集思广益修改了老师的对话后，也跃跃欲试，自己写一段话的热情高涨，这时候老师适时引导学生进行写话练习，老师利用多媒体展示孩子们的作品，让小小作者们都有了"发表"作品的自豪感，这种写完及时反馈的方法效果极好，既鼓励了展示作品的孩子，也引导了未展示作品的孩子，师生互动，生生互动，在不知不觉中学生主动参与到阅读与写作中来，成为学习的主人。

学生是学习和发展的主体，新课程根据学生身心发展的特点，关注学生的个体差异和不同学习需求，充分激发学生的自主学习意识和进取精神，倡导自主、合作、探究的学习方式。如何在课堂上充分发挥学生学习的自主性，同样成为教师努力的方向。

回顾整个课堂教学，笔者深切地感悟出只有开放的思维，才会有活跃的课堂，语文教学尤其如此。让学生当主角，教师精心为学生搭建舞台，课堂教学这台戏才能精彩上演。语文老师的丰富底蕴是一片海，开放的思维则是飘扬的巨帆，只有这样的航行才是学生乐学求知的征程。老师从读写一体的教学设计到步步为营的具体环节实施，处处体现着让学生自主学习、创新学习的"学习小主人"教育理念。让学生自主学习，老师要有方向。老师要领对方向，这个方向来自我们教师对语文教学的正确理解，来自语文老师开放的思维，不要故步自封，为一些所谓模式、方法所羁绊，语文老师需要放开手脚教学，才会形成风格，才会让课堂具有"语文样"。

欣赏教材、理解教材、挖掘教材，形成对教材的独到见解。研究课堂，尊重学生主体地位，善于引导，为学生自主学习搭建舞台，建设学生为主体，开放活跃的语文课堂，让语文课堂教学充满生命的张力；教师张弛有道，激荡起语文课堂师生互动、生生互动的一池春水是我们教师从事语文教学的追求所在。

参考文献：

［1］王崧舟 . 王崧舟教学思想与经典课堂［M］. 太原：山西教育出版社，2005.

［2］薛法根 . 薛法根教学思想与经典课堂［M］. 太原：山西教育出版社，2005.

敞开怀抱，容纳思想的河流

语文课标要求教师正确把握语文教学的特点，积极提倡自主、合作、探究的学习方式，努力建设开放而有活力的语文课堂。建设开放而有活力的语文课堂要求教师要以育人为本，以学生发展为本，重视培养学生良好的个性和健全的人格；课标明确指出学生是学习的主体，强调关注学生的个体差异和不同的学习需求。笔者认为想要构建开放而有活力的语文课堂，教师首先要有开放的语文教育思想，切实做到以学生为主体，教师为主导。其次，教师要有正确把握课堂方向的信心、能力和方法。最后，教学评价的方法的适切，评价手段的灵活，评价结果的真实可信与导向作用都是建设开放而富有活力的语文课堂不可或缺的必要条件。

一、锤炼开放的语文教育思想

教师对语文教学要有正确认知。"语文的外延与生活的外延相等"，换言之即生活中处处有语文，语文教学不能仅仅局限在课堂这一方寸之间，把课本当作唯一的信息资源，把教师当作唯一的信息传递者，把教室当作唯一的学习与交流空间。应该大胆地把语文教育置于学生生活当中去，让语文学习从长期相对封闭的状态中解放出来。

教师对师生关系要有正确的认知。教学是师生的双向活动，教学目标要靠师生的共同努力才能达到。教师是教学过程的组织者和领导者，表现了其本质特性——主导性。但教师在教学过程中的主导作用，如果脱离了学生学习的能动性就无法实现教学目标。以教师为主导，就是在确认学生的主体地位的同时，规定教师在教学过程中的作用和活动方式主要是"导"。导，指引导、指导、辅导和因势利导，也就是根据学生的认识规律、思维流程、学习心理正确地引导学生由未知达到已知的彼岸。学生是学习活动的主体，谁也不能替代学生自己的能动学习，教学中学生能动性直接影响教学效果和质量。以学生为主体，正如钱梦龙先生所说：学生在教学过程中是学习的主体，认识的主体，发展的主体。也就是把学习的主动权交给学生，让学生在教师的指导下自己阅读，自求理解。

教师对语文教材的使用要有正确认知。教材是教师教学的重要依据，但并非是教学的唯一依据，以教材为凭借，以语言文字训练为中心内容，是教师对语文教学工作正确合理地定位。教学中，我常常根据教学内容的需要，灵活地使用教材，引导学生通过多种渠道接触语文：浏览书报、上网搜索、访问名胜古迹、了解风土人情、开展丰富多彩的语文实践活动等。如学《伯牙绝弦》，就提前让学生上网搜集俞伯牙摔琴谢知音的典故，聆听《高山流水》的古曲，欣赏高山流水的优美画面。利用"日积月累""课外书屋""交流平台""趣味语文"等教材形式引导学生积累背诵古诗词、名言佳句，由一篇文章的阅读推荐引导整本书的拓展阅读，交流课外阅读的感受……日复一日，同学们养成了主动搜集资料，有意识地进行积累阅读的习惯，课堂教学成为真正意义上的教师轻松主导，学生主体认知。

跑题，顾名思义，就是脱离了既定主题而信马由缰、自由走散的意思。央视曾热播过一个名为《跑题》的小品，很好地诠释了这种思维自由分散的状态及其引发的一系列意料之外又在情理之中的故事，令人捧腹大笑。在课堂教学中也同样存在着这种跑题现象：对同一篇文章主题的理解因为不同年龄、不同生活环境、不同认知态度而千差万别，令老师们手握标准答案，却拽不住学生思维的缰绳。笔者认为这样的语文课堂正是语文教学渴望生成的课堂。语言文字的理解本来就是多义的，正是这偏离老师标准答案的发散思维，打开了学生通往文学殿堂的大门，使学生不拘泥于标准答案的框架束缚，尽情想象和表达。

二、营造自主学习的语文教学课堂

美国教育家杜威曾说："学校的最大浪费在于儿童在学校中不能完全自由地运用已有的经验，采用自己的方法去获取知识。"在日常教学工作中，教师应重视教给学生学习的方法，引导学生采用自己喜欢的方法，通过多种形式获取知识，调动学生自主求知的积极性，循序渐进、不断积累，帮助学生"自由地运用已有的经验，采用自己的方法去获取知识"。

下面就李艳霞名师工作室合作教师于菲在教学六年级上册《只有一个地球》一课，指导学生自主学习的教学案例进行分析。

《只有一个地球》课堂教学案例

一、激趣导入，揭示课题

1. 激趣谈话，引入新课。

导语：同学们，世界著名的杂志《时代周刊》每年都要在世界范围内评选一位年度新闻人物。评出的这个人，肯定是这一年中在全世界影响特别大的。大科学家爱因斯坦、英国的伊丽莎白女王等都入选过。有一位中国人在 1978 年和 1985 年两次入选，他就是我们改革开放的总设计师——邓小平爷爷。但是，1988 年《时代周刊》却评选了一位非常特殊的新闻人物。当时结果一公布，几乎所有人都大吃一惊，你们想知道是谁吗？（出示课件）对，就是濒危的地球。想知道为什么吗？答案就在我们今天要学习的课文中。请同学们一起齐读课文题目。（板书）

2. 同学们，请看，这就是咱们脚下的地球，此刻如果让你用一个词语来形容地球，你会用什么词语？那么在遨游天际的宇航员心中，地球又是什么样子的呢？请你打开书，找出形容宇航员心目中地球样子的句子。

3. 齐读。

4. 宇航员用了哪两个关键词来形容地球？（可爱、容易破碎）（板书）

5. 看了这句话你有什么疑问：为什么说地球可爱，又为什么说地球容易破碎？

6. 请同学们快速浏览一遍课文，用直线划出描写地球可爱的句子，波浪线划出地球容易破碎的句子。

二、新授

（一）地球的可爱（第 1 段）

1. 课文中哪些具体的描写让你觉得地球可爱呢？

2. 据有幸飞上太空的宇航员介绍，他们在天际遨游时遥望地球，映入眼帘的是一个晶莹的球体，上面蓝色和白色的纹痕相互交错，周围裹着一层薄薄的水蓝色"纱衣"。

①同学们你们看，这披着水蓝色纱衣的球体是什么呢？是的，它就是地球，我们可以看到蓝色和白色的纹痕相互交错。难道它不美丽，不可爱吗？

②请你读一下这个句子。请你读出地球的可爱来。

3. 地球，这位人类的母亲，这个生命的摇篮，是那样的美丽壮观，和蔼可亲。

①这句用了什么方法来形象地说明地球的可爱？打比方（板书）

②这篇课文的体裁是科学小品文，虽然也是说明文，但语言比较生动形象，常常是融科学性、艺术性和思想性于一体。

③为什么要把地球比作"摇篮"和"母亲"？

4. 朗读：地球是如此的可爱和美丽（板书），如果让你们读，你们觉得应该读出怎样的感情？

（二）容易破碎的原因

过渡：课文从哪几部分告诉我们地球容易破碎？

小组讨论交流：说说你的理由。讨论出结果的小组可以安静地举起你们的手，让老师知道你们讨论好了，老师看看哪个小组做得最好。

1. 过渡：除了地球非常可爱美丽，第2自然段还写了地球渺小的特点。在教材第10课《宇宙生命之谜》中，有一段文字也显示了地球之小，同学们还记得吗？

从理论上说，宇宙是无限的。地球只是太阳系中的一颗行星，而太阳系只是银河系中一个极小的部分，银河系又是宇宙的沧海一粟。整个银河系中有几千亿颗恒星，类似太阳系这样的天体系统为数不少，其中肯定有与地球类似的行星。——《宇宙生命之谜》

本课是如何将地球的"小"写出来的，请同学们找出相关的语句读出来！

①在群星璀璨的宇宙中，地球是一个半径约为六千四百千米的星球。(运用列数字说明方法，准确地说明地球的体积)

②同茫茫宇宙相比，地球是渺小的。(运用做比较的说明方法，写出地球的渺小)

③通过这一部分你们体会到了什么？

④有感情地朗读课文，读出地球渺小的特点。

2. 过渡：是啊，我们是应该好好地爱护地球，但是有些人却不爱护我们所生活的环境，随意地破坏。课文中的哪些句子又告诉了我们地球容易破碎的呢？

"地球是无私的，它向人类慷慨地提供矿产资源。但是，如果不加节制地开采，必将加速地球上矿产资源的枯竭。"

①理解"慷慨"，在字典中有两种解释 A. 充满正气，情绪激昂。B. 不吝啬。本文中应该选择哪种呢？为什么？

读了这段文字，请你想象一下：这部分让你看到了一个怎样的地球？

生：我看到的地球到处都是被人类残害的伤痕。

生：我看到的地球因为滥用化学品，空气、河水被污染了，花草树木也不再生长。

生：我看到地球美丽的蓝衣服、绿衣服不见了，却穿上了一件枯黄的旧衣裳。

师：哦，那枯黄的旧衣裳是大片大片的沙漠呀！

②是谁造成了地球的这些变化？是人类自己不加节制地开采资源造成的。

③地球上的矿产资源是要经过几百万年，甚至几亿年的地质变化才

形成的。地球那样慷慨无私，我们却不加节制地开采。从这个句子可以看出人类是多么自私呀！人类的无知、人类的贪婪，最后的结果只能是自己害了自己！

④地球的无私与人类的自私对比得多么明显，你能读好这一句吗？（指导读出气愤、可惜等语气。）

3. 过渡：你还画了哪句话？

人类生活所需要的水资源、土地资源、生物资源等，本来是可以不断再生……威胁。

这一段也在告诉我们伤害地球的是人类。

①注意"本来"一词，你觉得去掉它行吗？男女生对读。

"本来"在这儿是"原先"的意思，用在这里表示这些资源在以前是可以不断再生的，但现在不能了。

"本来"一词体现了说明文用词的准确性，它突出了这些资源原先是可以再生的特点，强调了现在已经不可再生。

②造成这一后果的罪魁祸首是谁呢？是因为人们随意毁坏自然资源，不顾后果地滥用化学品。

③大家知道什么是"生态灾难"吗？举例子说说吧！

生：比如，因为乱砍滥伐引起的洪灾。

生：我还知道大气被污染后形成的酸雨现象。

生：还有土地沙漠化现象。

④不光是这些，请大家看看这份资料。（出示生态数据）

⑤看！所有的生态灾难都对人类的生存造成了严重的威胁，也给人类的行为发出了严重的警告。此时此刻，你有什么样的心情？谁能带着自己的理解读好这一段？

4. 过渡：是的，地球是渺小的，而且它的自然资源是有限的！它是那么的容易破碎！如果它破碎了，我们能否到别的地方去？请同学们看课文五到七自然段，就讲了这个问题。

①师生合作读，老师读第五段，你们读第六、七自然段。看看我们人类是否可以移居到别的星球？

②假设一：（列数字）40万亿，以目前一般飞机的飞行速度来估算，40万亿千米大约需要600万年的时间才能到达。这也就是说，即使有适合人类居住的第二个星球存在，人们也无法到达，说明地球是唯一适合人类居住的星球。

假设二：推翻设想（举例子）

③总结人类目前无法移居（板书）

（三）拓展延伸，联系实际

1. 是的！同学们，如果地球遭到破坏，我们别无去处！所以，宇航员说：地球太可爱又太容易破碎了！现在你对这句话又是怎样理解的？

2. 这句话表现了宇航员对地球的赞美之情，更体现了宇航员对地球的担忧之情。同时也是发出号召，让我们保护地球，珍惜自然资源。（板书）

小练笔：此时此刻，我们应当对人类，对那些无情地破坏地球的人们说些什么呢？请你设计一两条保护环境或节约资源的宣传标语。

（四）课堂小结

同学们通过交流知道了保护地球的重要性和必要性，更学会抓住关键句，把握文章的主要观点，本单元的学习目标之一！孩子们做得很好！

最后让我们回到题目，题目是什么？"只有一个地球"，你从"只有"读出了什么？

1. "只有"的含义理解，没有第二个、无法移居、独一无二。

2. 因为"只有一个地球"所以我们要——"保护地球"！（板书）

3. 就在最后一个自然段，作者提出了呼吁，让我们一起来读一读，读出保护地球的坚决和热情！

同学们，保护地球，人人有责，希望你们都能用实际行动去保护我们的家园，保护我们美丽的地球！本节课结束，感谢大家！下课！

《只有一个地球》是一篇环保主题的科学小品文。教师在授课伊始以谈话形式设疑释疑，创设了和谐融洽的学习氛围，在宽松、和谐、愉悦的氛围中极大地调动学生参与活动的积极性、主动性和创造性，学生乐意去思考、探究问题，敢于说出自己的想法。同时教师角色也发生了悄然变化，由单纯的知识传授者向活动的组织者、引导者、合作者转变，确立了学生在学习活动过程中的主体地位。

授课中，教师灵活运用多边互动，使学生成为学习的主人。师生互动，生生互动还有课后的收集资料环节都有效地锻炼了学生自主学习的能力。授课过程中，教师利用图片、语言等引导学生抽丝剥茧、提纲挈领归纳文章的主体脉络。然后引导学生学习第一部分地球的可爱，明晰学习方法。接着，学生以小组为单位，自主合作学习第二部分地球容易破碎。其中，穿插学生课前自己收集的相关资料来佐证自己的观点。教师和学生合作学习第三部分，老师来提出假设，学生运用自己所学的知识进行反驳，巩固自己所学。整个过程由浅入深，层层递进，教师只是从中穿针引线，学生充分发挥了学习的主体地位。这一求知过程，无论是最初学习方法的选择，还是最终难点的突破，都由学生自由支配。学生在交流中探究、合作，在合作中探究、交流，充分激发了学生的主动意识和进取精神，而这些在传统的语文课堂教学中是无法实现的。当然，"开放"并非不需要老师，教师要积极把自己与学生融于一体，或交流，或点拨，或指导，做高效课堂的领路人。

4. 从改变思维习惯入手，改变成长状态

我们应该承认差距，允许失败，才符合生命成长的规律。做孩子的老师，更要做孩子的朋友。平等的态度给孩子平静的心情，心静而生慧，孩子心情平静了才能把事情做好。

新学期伊始，我开始任教四年三班的语文，在一群活泼可爱的孩子们中间，我很快发现了一个特立独行的身影，他就是超超。

一张五官端正得近乎完美的脸，一副健康挺拔的好身材，看到他，你内心的喜悦情绪会油然而生。但接下来超超的表现却让人大为不解。

从四年级第一学期开始，直到五年级第二学期，两年里每次习作训练，不论老师出的什么训练题目，超超交上来的都是同一篇作文《图图旅行》。作文的大致内容是讲图图（动画人物）坐飞机到世界各地旅游的经历。如果不看作文要求，只看作文内容，倒还能算是文通字顺，符合一个小学生作文的水平。为什么不按习作要求作文呢？是他读不懂要求还是根本就不想读懂要求？最初，我选择了和超超家长及其他老师、同学们一样的答案——他读不懂要求，可是六年级第一学期里发生的一件事情彻底改变了我的想法。某一天，我在德育处读到了超超写给德育处老师的一封信，建议学校组织开展冬季长跑活动。从看到这封信后，我坚信超超有自己独立的思维和完整的表达能力！他的作文写的跑题不是因为他读不懂题目要求，而是因为他不想读懂题目要求！在他内心深处他觉得不懂要求就可以自由写自己的心声，自由书写自己心里的故事，那是一种源于心灵的快乐。所以他想当然地认为自己读不懂作文要求，家长也认为他读不懂，而老师也认为他读不懂，而正是他所需要的一种原谅的状态。

超超的问题源于他的思维习惯，那就从改变思维习惯入手，来改变超超的成长状态。

要改变学生的思维习惯，首先要改变老师自己的思维习惯。首先，我在思想上把这个孩子从问题生中剥离出来，把他放进普通学生的范畴去考虑他的一些行为、思维特点。老师树立起这个孩子是普通孩子的概念后，从对待正常孩子的角度去分析他的行为，解读他的思想，更加有利于孩子的成长。

为了培养他的自律意识，我通过作文示范朗读树立自信心入手，安排超超朗读自己的作文。第一次听见老师宣布今天的朗读范文作者是超超时，同学们哄堂大笑，他们觉得老师这样安排是为了活跃课堂气氛，但老师的表情是严肃认真的，使同学们意识到自己也应该把超超当成自己的一个普通同学来对待。尽管超超写的作文内容幼稚，各部分之间也不连贯，但在老师的带领下，同学们对他报以真诚的鼓励，教室里响起了热烈的鼓掌。超超美滋滋地走回到自己的座位，小脸儿红红的，看得出来，他很兴奋，他感受到来自老师和同学们的赞赏和认同，不是歧视，不是怜悯，而是尊重。在一次又一次安排超超作文示范朗读的同时，我寻找着新的教育突破口，关注超超上课表现，给超超创造更多的回答问题、朗读课文机会，同时鼓励家长对他进行大量的作文审题训练、阅读分析训练，以逐步巩固其积极思维的习惯。

功夫不负有心人，超超的作文终于有了质的飞越，学期期末考试作文，超超审题正确，能够按照习作要求写作，整篇文章有条有理，文从字顺，获得了 25.5 分（满分 30 分），得分率在 80% 以上。

我想应该是一次次范文朗读使超超重新认识了自己，他有了勇气，他不但想表达一下自己的一些想法和看法，而且开始重新思考怎样表达才能让大家接受？于是他开始认真审题，开始按照习作要求作文，开始慢慢地学会了以大家能接受的方式书写自己内心的故事，让自由的心灵航船有了方向。

从以上教学实践不难看出，老师对学生的尊重，拉近了师生之间的距离，给孩子以希望，促使其逐渐淡化并消除自我否定的心理定势，树立"别人行，我也能行"的信心，有利于孩子接受老师的正确引导，培养学习兴趣，提高学习效果。开放思维，这样才有活跃的课堂，著名教育家陶行知先生早就指出："让学生走上创造之路，手脑并用，劳力加上劳心，这需要六大解放：解放眼睛、解放双手、解放头脑、解放嘴、解放空间、解放时间。"我们所追求的语文课堂教学就应该给学生一个这样的开放空间，让孩子们在宽松的氛围中自由选择学法，敞开怀抱，容纳思想的河流，陪孩子们自主探求新知。

自主发展，让语文之花绽放

《小学语文课程标准》及其修订版都在课程的基本理念部分强调了语文教学要积极倡导自主、合作、探究的学习方式，《课标》指出"学生是学习和发展的主体。语文课程必须根据学生身心发展和语文学习的特点，关注学生的个体差异和不同的学习需求，爱护学生的好奇心、求知欲，充分激发学生的主动意识和进取精神，倡导自主、合作、探究的学习方式。"不难看出，语文教学不论是教学内容的确定，还是教学方法的选择，评价方式的设计都应遵循培养学生自主意识，倡导学生自主学习，尊重学生自主发展这一必然规律。

如何构建"学生自主发展"的语文课堂，是笔者多年从事小学语文教育教学工作中潜心研究，并努力实践的一个重要课题，下文笔者将结合三个课堂教学案例及分析进行详细阐述。

一、多元理解教学内容，尊重学生独立思维的权利

《坐井观天》是一篇非常有趣的寓言故事，其教学目的是通过青蛙和小鸟之间生动有趣的对话描写，告诉孩子们不要做眼界狭窄、目光短浅的人。

但是达成这个教学目标却不是一件容易的事。不久前，看过这样一个教学案例：教师带领同学们通读课文之后，引导学生想象小青蛙跳出井口后看到的景象。孩子们争先恐后地描述外面世界的无限美好，这是我们预期的课堂情境。此时，老师可以顺理成章地导入本课主题，完成教学目标。但是，实际情况却不像大家预想的那样顺利，突然一名学生说："老师，我觉得青蛙有可能没有看到这么美的景色。"教师先是一愣，然后充满疑惑地问："说说你是怎么想的？"老师的这一提示打开了孩子们的话匣子，他们开始绘声绘色地描绘起如今环境被污染的情景。面对孩子们跑了题的答案，我们的老师会怎样做呢？是循循善诱，把孩子们引上标准答案的正轨；还是置之不理，直奔主题，直接告诉孩子们标准答案；还是当头棒喝让孩子们不要胡思乱想，要跟标准答案保持思维同步呢？

案例中，教师耐心听完同学们回答后，因势利导提出了下面的问题："你们能不能有什么好办法来挽留跳出井外的小青蛙，让它安心快乐地和我们生活在一起呢？"

教室里顿时安静了下来，学生们思考片刻，仿佛都有了答案，你一言我一语，说着自己想到的环保措施，教室里一片兴趣盎然。教师对孩子们的说法充分肯定："同学们说得棒极了！只要大家共同来保护环境，爱护家园，小青蛙就会被我们挽留下来，动物们才会快快乐乐地生活在我们身边！"

不难看出，这节课从做人教育的主题很自然地转入环境保护这一具有鲜明时代特点的主题。显然，案例中的这位老师能够做出这样的教学处理源于她对教材、对学情的深刻了解，对课堂的充分预设；源于教师灵活把握教材，敢于赋予教材鲜明时代特色的教育机智，但更大程度上是教师对学生独立思维权利和能力的尊重。

事实上，并不是所有老师都能尊重学生，灵活把握教材，我们有相当一部分教师对教材、对教参一味盲从，不敢有自己的想法，局限在标准答案里难于自拔。

　　静心反思,当我们的课堂折射出一些不良社会现象时,我们像鸵鸟一样一味"埋头"于文本,发掘标准答案,而对课堂问题装聋作哑,置之不理的诸多做法都折射出我们的一个心理:标准答案最安全!是的,标准答案最安全,但是同一个问题在不同的情境中答案并不唯一,如果我们一味地追求标准答案,而忽视了教育活动本身的时代特点,忽略了学生独立思维的特点和规律,那么,我们的课堂岂不成了一潭死水?课堂教学的核心不是教师带着学生学文本,而是利用文本增长知识,训练思维,促进学生自主发展。

二、选择最适合的教育方式,尊重学生身心发展规律

　　案例呈现:元元同学思维比较活跃,课堂表现非常积极,但他喜欢课上嘲笑同学,当同学回答出现错误时,他往往表现夸张,甚至笑出声来,使同学很难堪。一日,一位同学朗读出现了错误,元元边笑边重复着错误,那个同学羞愧得低下了头。

　　教师面向元元认真地问:"元元,什么好笑?"

　　元元兴奋地回答:"她把'吻合'读成了'勿合'。"

　　老师启发:"她为什么会读错呢?"

　　元元回答:"她没有看到课文下面的注音。"

　　老师进一步提示:"你去帮助她把这个字读准,好吗?"

　　元元止住了笑,离位指导。

　　教师示意这位同学再次朗读后问元元:"元元,她这次读得怎么样?"

　　元元低头:"读对了。"

　　老师赞许地说:"她不仅读对了,也自信了。是你帮助了她,谢谢你。"同学们鼓掌。元元低头不语,脸色已微红。自此以后,元元慢慢

改掉了课堂上嘲笑同学的毛病。

从案例中我们不难看出，这是一位懂得尊重，善于以尊重为手段进行教育的老师，她让孩子从老师对自己的尊重态度中感悟出尊重他人的重要性；认识到嘲笑别人是错误的、不受欢迎的行为，而热心帮助别人是值得称赞的行为。

老师这种懂得尊重、善于尊重的态度从哪来？毋庸置疑，它源于老师对教育规律的正确把握，对儿童成长规律及儿童心理特点的正确把握。只有尊重规律，遵循规律，在教育教学工作中，才能不犯急于求成、揠苗助长的错误。

唐代名家柳宗元曾经写过一篇题为《种树郭橐驼传》的佳作。他在文中写一个名叫郭橐驼的人，此人非常善于种树。他种的树生长得高大茂盛，果实结得又早又多，而别人种的树与他的相比则大相径庭。于是有人问他其中的道理。郭回答说，其实他没有别的什么好法子，只是按照树木生长天性，规律性，促使它生长罢了。同时他指出，别人种的树不好，那是因为他们常常爱之太殷、忧之太勤。这就是说因为他们不能"顺木之天"，结果便适得其反。这个故事讲的是种树之道，实际上是借以说明育人之道，即教育人也应像种树一样遵循教育规律，尊重少年儿童身心发展规律，这是最适合的教育方式，也是亘古不变的真理。

"人人都希望自己有稳定的社会地位，要求个人的能力和成就得到社会的承认。当尊重需要得到满足，能使人对自己充满信心，对社会满腔热情，体验到自己活着的用处和价值，更积极地投入工作或者学习中去。"美国心理学家马斯洛的需求五层次理论，也从另一个角度解释了尊重的重要性。案例中，正是源于老师对课堂表现有瑕疵的元元表现出的尊重态度，唤醒了元元自身对于尊重的心理需求，其渴望得到尊重的需求一旦得到满足，想做得更好，得到更大肯定的积极心理促使他反思自己的行为，发现不当之处，并积极克服，从而使自己的行为趋向于正确，这就是我们的教育行为所追求的最佳教育效果，即学生的自我规范、自我教育、自主发展。

三、在传承与创新之间架起桥梁，尊重学生的发散性思维

案例呈现

师：故事读完了，你想对老虎说些什么？

生：虎大王，狐狸是借了你的威风才吓跑百兽的。

生：虎大王，你上当了，百兽怕的是你。

生：我想对狐狸说一句话。

师：哦，想说什么？

生：狐狸，还是你了不起，用自己的智慧战胜了强大的老虎！

（其他学生对此说法颇感新奇）

师：（一愣，片刻后露出笑容）真会动脑筋，认识与众不同！

生：（马上举手）狐狸真聪明，会随机应变。

生：以后我们遇到紧急情况，也应该像狐狸那样机智、勇敢。

这是小学二年级语文课寓言故事《狐假虎威》的一个教学片段。是一节公开课的教学实录，课后听课的老师们就本节课的教学任务是否正确顺利达成，产生了一些不同的看法。有些教师直接否定了第三个学生的说法，提出狐狸怎么能说是聪明呢，聪明是褒义词，这里应该说狡猾。因为狐假虎威这个寓言含贬义，用来比喻借着有权者的威势欺压他人、作威作福。这些教师对教参、对专家的话记得很清楚，也深信不疑，这样的课堂教学看起来很省事，老师在否定了狐狸的聪明之后，可以直奔主题，告诉同学们这个狡猾的狐狸正是假借着老虎的威风，来欺骗百兽，正像社会上的某些人，他们凭借有权者的威势欺压他人、作威作福。老师为同学们树立起一面正义的大旗，在老师的循循诱导之下，

学生们同仇敌忾，狡猾的狐狸成了大家假想敌，狐狸的做法也在孩子们心目中成了过街老鼠的龌龊行为。殊不知狐狸做法之中的可取之处，已经由孩子们发现，却在已有寓意的烈焰下冰释，孩子们的发散性思维也在老师的义正词严中折翼。

为什么不能夸狐狸聪明呢？笔者认为，现在的社会是个多元的社会，世界文化丰富多彩，同样的文本，不同的人会有不同的理解。如果从人本的角度看文本，老虎恃强凌弱，欲吃掉狐狸。狐狸为了求得生存，而利用了老虎的愚蠢，并巧妙地借助老虎的威势为自己赢得了更大的生存空间。对于狐狸这种不畏强权，与强敌斗智斗勇以维护自己的生存权利的正当行为，我们有什么理由要一味地予以贬斥和挞伐呢？也许正是狐狸这种敢于凭借外力战胜强敌的精神给身处危境的人带来启迪，得以摆脱困境，甚至险境，这不是恰恰是我们应该教给孩子们的活的知识吗？

作为教师在拓展学生思维之后，怎样回归文本，顺理成章地阐释出狐假虎威的寓意成了考量教师智慧的一个难题。

随着电脑的普及，学生从不同渠道获得知识已经是一种常态，随之而来的是多元思想、多元文化对传统教学内容的冲击，类似狐假虎威传统寓意要不要讲？怎么讲，才能既使传统寓意不缺席，又能不绑架学生的认识，让学生既能懂得寓言的传统寓意，使我们优秀的民族文化、民族道德以及民族传统审美观得以顺利传承，又能尊重学生的探索发现，保护学生发散性思维？课堂上，不去简单地否定学生们的新发现，更不能弃传统知识传承于不顾，而一味地求新求异。"为有源头活水来"在传承与求索之间架起一座桥梁，交给孩子们活的知识，引导孩子们开动脑筋，和老师一起探索新知，培养学生融会贯通的能力，既教书也育人，不止于教书，关键在育人，是我们作为一名语文教师神圣的使命。

构建学生自主发展的语文课堂，离不开教师对教育规律的尊重，对儿童身心发展规律的尊重，更离不开教师对学生独立的生命个体的尊重。正如著名特级教师李希贵所说的，每一位学生都有与众不同的兴趣、特长，尊重了孩子的个性、特长，就意味着为孩子提供了自由广阔的发展空间，也就意味着孩子的精神生命能够自由呼吸。在学校教学活动中，学生即是教学的对象，又是自身发展的主体，课堂上教师要敢于多元理解教学内容，尊重学生独立思维的权利；要善于选择最适合的教育方式，尊重学生身心发展规律；还要能够在传承与创新之间架起桥梁，尊重学生的发散性思维，唯如此，才能在"构建学生自主发展的语文课堂"的探索之路上迈出新步伐，让语文之花绽放。

参考文献：

［1］中华人民共和国教育部．义务教育语文课程标准［M］．北京：北京师范大学出版社，2011.

［2］孟夏．守望者的声音［M］．北京：光明日报出版社，2013.

预设生成，赠课堂一双翅膀

随着新课程改革的实施与深入，广大教师对于新课程理念下课堂教学的预设与生成问题愈来愈关注。笔者参与课堂教学的预设与生成的研究，其宗旨在于探索改变教师在课堂教学中扮演的角色，由知识传递者转变为学生主动活动的指导者和组织者，以学生的全面发展为本，落实素质教育。在此理念的指导下，笔者积极投入到课题的实践与研究中，从理论学习到实践探索，从专家课堂到自我感悟，从相互听课到专题研讨，逐步改进提高，就课堂教学的预设与生成问题有了新的理解。

一、对预设与生成的认识

（一）预设与生成的概念

预设，在课前是指教师对教学的规划、设计、假设、安排，是备课的重要组成部分；在课堂上是指师生教学活动按照教师课前的设计和安排展开，课堂教学活动按计划有序进行；在结果上是指学生获得预设性发展，即教师完成了预设的方案。生成是指教师在课堂上以学生有价值有创见的问题与想法等细节为契机，及时调整或改变预设的计划，遵循学生的学习问题而展开的有效教学。

（二）预设与生成的关系

"预设"与"生成"就像水与鱼的关系。课堂上没有预设，那么生成就是盲目的、不可思议的，不仅形散而且神散，就像无水的鱼、无线的风筝。任何教学都必须涵盖多方面（如教学目标、教学内容、教学进程、教学方法、教学手段、教学情境等）的预设，这样课堂教学有效生成才具有可能，可以说，预设是生成的土壤和催化剂，是有效教学的保证。教学预设是一个重要的教学环节，也是一项复杂的教学技术。反过来说，没有生成的预设又是死气沉沉的，就像一潭平静的湖水，没有一点波澜，没有生命，它会扼杀师生的创新精神、探究欲望和生命活力。

教学预设制约着课堂生成，课堂生成反作用于教学预设，二者是相互依存、相互渗透的。预设是课堂生命的本源，生成则是预设的新生命，是课堂的生命体现，生命的课堂因预设而存在，因生成而更加充满智慧、更加丰富多彩、更加情趣盎然。潜心研究并科学地把握、艺术地处理预设与生成的关系，将先进的教学理论运用于教学实践，可促进课堂教学的优化，真正实现提高课堂教学质量和教学效益。

二、科学预设，为动态生成奠定基础

在新课程背景下，我们必须认真研究教师个人备课如何给课程赋予的新的内涵，必须认真研究教学预案设计的基本要求及思路，认真备课，积极思考，探索如何将先进的课改理念转化为自己的课堂教学行为，讲求实效、预设精彩。要实现科学预设，我们应做到以下几点。

（一）预设教学内容，创造性地使用教材

教材是教师进行教学工作的重要凭借，也是教师进行艺术创造、科学加工和处理的重要素材。教学是高层次的创造性劳动，要提高教学质量，教师就要认真钻研教材、掌握教材，并根据教学的目的要求和学生知识水平的高低，将教材的内容进行再组织、再创造，切实搞好教材的二次开发和利用，才能有效准确地把知识传授给学生。钻研教材应是语文教学永恒的主题。任何不钻研教材、不把握教材的教学都是盲目的。没有对教材的深入挖掘和准确把握，任何内容和形式上的预设都如无源之水，无本之木，必然导致教学的失败。我们要在深入钻研教材的基础上，从学生实际出发，着眼发展，充分开发利用以教材文本为主的各类教学资源，灵活地选择教学方法，进行综合分析，系统整理，精心设计课堂教学预案是科学预设的关键标志。所以，我们要求每一位教师每学期初必须通读整册教材，结合新课程标准，整体把握教学目标，具体到每一单元，每篇教材，深入挖掘，准确把握，个人钻研，小组交流研讨，多形式、多角度集体备课。在日常备课、设计预案时，我们要求教师不仅仅考虑课程资源的开发问题，更应着重研究如何对其进行充分而有效的利用：要立足文本，根据教学的需要，有针对性地引导学生开发利用课外资源（课外书、媒体、网络），在内容上进行合理取舍，在运用上选择合适时机，并进行必要的反馈和检测，综合思考，精心设计。

（二）预设教学过程，优化教学结构

传统的课堂教学结构包括激情导入、传授新知、巩固练习、课堂总结、布置作业等环节。授课时，教师不管学生已有的知识基础如何，都从头讲到尾，这种教学结构，影响了教学效率。为此，我们要精简教学结构，对学生已会的知识可以不讲或少讲，而对于学生学习中存在的疑点则需要教师作重点点拨或讲解，这些就要求教师提前做出预设，这样，授课时，教师就可以有针对性地组织教学，有效提高课堂的教学效率，使课堂的生成异彩纷呈。

1. 引导学生质疑。明代学者陈献章说得好："学贵有疑，小疑则小进，大疑则大进。疑者，觉悟之机也，一番觉悟，一番长进。"因此，会提问的学生才是会思考会学习的学生。所以要培养学生质疑的兴趣并指导其质疑的方法。

在语文教学实践中，我们总结了以下几种质疑方法。①换词比较。如《开国大典》一文，"一下火车就直奔会场"中的"直奔"换成"走向"好不好？为什么？②寻找原因。如《卖火柴的小女孩》中的小女孩为什么死了还捏着一把烧过了的火柴梗？③探究异同。如《鸟的天堂》中"鸟的天堂"在文中出现了五次，每次出现有什么不同？④体会环境描写。如《飞夺泸定桥》作者描写泸定桥的险，对表现文章中心思想有什么作用？以上几种方法都是针对课文局部的质疑，还可针对全文质疑，方法如下。①解题式。如《再见了，亲人》，什么是亲人？文中把谁称作亲人？志愿军为什么把朝鲜人民当作亲人？②直奔中心式。如《我的伯父鲁迅先生》，为什么说我的伯父是一个为别人想得多，为自己想得少的人？③研究写法式。如《桂林山水》，作者是怎样把桂林山水的特点写具体的？

质疑有法，但无定法，贵在得良法。只要我们不怕麻烦，研究它们，就一定能让它更好地为我们的教学服务。

2. 指导学生解疑：教师仅仅预设出学生可能出现的问题是远远不够的，还要对解疑方式进行预设，不同的问题采取不同的解疑方式。我们把解疑方式归结为三种：对于一些比较简单的问题，教师要鼓励学生运用自己拥有的第一手资料，自行解决疑难；对于那些学生回答起来确实有困难，又容易引起争论的问题，运用辩论的方法解决；学生运用教材资料仍无法解决的，就通过搜集的课外资料来解决。

质疑、解疑贯穿了教学全过程，这是一个循环往复的过程，在这一过程中，学生不断"觉悟"，不断"长进"，每"觉悟""长进"一次后，教师就及时组织学生进行"长进"诀窍（解疑方法）的小结。这是将学生认识推向前进的最好手段，也可为迁移运用打下良好的基础。所以，教师不仅在课前要预设质疑解疑的方法，还要在课堂上指导学生灵活运用，只有这样，课堂教学的预设与生成才能相得益彰。

（三）预设学情变化，立足个体，着眼整体

现代学生的学习准备状态有时远远超出教师的想象，教师设定的教学起点，就不一定是实际的教学起点，我们的课堂教学往往会产生一些变化。因此，教学预设首先要关注教学的对象——学生。教学预设的成效如何，将取决于对学生情况的了解程度，可以这么说，脱离具体的教学对象，就无最佳教学预设可言。我们在预设时必须熟悉学生，并深入地了解学生，只有这样才能关注学生的主体性，尽可能多地预测可能遇到的思维障碍，可能发生的一切课堂变化，并思考其对策，如何启发学生去突破。然后，将其储备在自己的弹性预设空间内，为课堂生成奠定基础。预设之前，笔者时刻扪心自问：学生是否有了与主题相关的经验？学生是否已经掌握或部分掌握了教学目标中要求学会的知识和技能？掌握的程度怎样？是否需要教师进一步扩充、解释？学生能否从交流合作中学到应该获取的知识，达到教学目标？然后，根据了解的情况，为学生提供通向更高层次理解的梯子，引导学生用自己的头脑建构知识。

这样，学生在课堂上会学得既轻松，又丰富多彩，并且能体验到自我成功。通过课堂的小舞台，学生展示了自己在社会的大课堂里获得的其他知识，"享受到热烈的、沸腾的、多姿多彩的精神生活"。

当然，预设只是对学生学情进行估计，只有在与学生的教学交往中，才能对学生拥有的直接经验的状况做出准确判断。如果课堂中获取的反馈与预设估计不一致时，我们应该对教学做出调整，使教学成为学生已有经验的逻辑归纳和延伸，增加教学的体验性和生成性。

三、动态生成，促进课堂教学充满生命活力

课堂教学是千变万化的，再好的预设也不可能预见课堂上可能出现的所有情况，正如布鲁姆所说："人们无法预料教学所产生的成果的全部范围"。所以我们要灵活驾驭教学过程，课堂中做到：心中有案，行中无案，寓有形的预设于无形的、动态的教学中，真正融入于互动的课堂中，不断捕捉、判断、重组课堂教学中从学生那里涌现出来的各种各类信息，随时把握并灵活应对课堂教学上的生成性资源。

（一）捕捉亮点，鼓励创新

课堂上学生的回答往往会不经意地出现一些亮点，这些亮点是学生学习的顿悟、灵感的萌发、瞬间的创造，稍纵即逝。我们必须用心倾听，及时捕捉和充分肯定。

在教学部编版小学语文三年级上册第12课《总也倒不了的老屋》这篇课文时，及时发现学生思维趋向，捕捉到最佳教育契机，在课堂预设之外，精彩生成，意外收获一节成功教学作文方法的阅读课。

《总也倒不了的老屋》是部编版小学语文三年级上册第12课的课文，这篇课文是一篇童话故事，它以合理的丰富想象，讲述了一间老屋与一只小猫、一只老母鸡和一只小蜘蛛之间的故事。每当老屋准备倒下

的时候，小猫、老母鸡和小蜘蛛就依次出现，请求老屋不要倒下以帮助他们，老屋一一答应了他们的请求，一直没有倒下。故事塑造了一个慈祥的乐于助人的老屋形象。本课是第四单元预测阅读策略学习的第一篇课文，旨在通过学习本课，帮助学生了解"预测"和怎样进行预测，并能照样子说说旁批的其他预测是怎样得出来的。

在教学过程中，同学们各抒己见，不断从文中找到预测的线索，如通过对老屋外观的描写预测老屋即将倒下，通过小猫礼貌的语言预测老屋会帮助它等。小猫离开后，我请大家预测老屋会不会马上倒下。这时一位同学大声说："老师，我知道老屋是永远不会倒的。"我问他："为什么这么说呢？"他不慌不忙地站起来说："题目不就告诉我们了吗？《总也倒不了的老屋》，它当然不会倒啊！"同学们窃窃私语，有的对他的发现表示同意，还有的同学向老师投来探寻的目光，期待老师的解答。这个学期，学生开始写作文，很多同学在起作文题目方面存在困难。不是随便摘取一个词做题目，就是干巴巴地写一个《一件有趣的事》。究其原因，除了大家的语言积累不足，还有就是对题目的认识不够深刻。我发现，此时同学们的关注点落到题目上，正是讲解题目用处的好时机。

师：你思考得很认真，观察得很仔细。大家同意他的观点吗？请大家快速浏览后面的内容，验证他的预测。

生：老屋真的一直站着。

师：你发现了什么？

生：题目也是预测的依据之一，以后可不能忽视它了。

师：既然题目已经告诉我们结局，那还有读的必要吗？

生1：虽然通过题目我已经知道老屋不会倒，但是我还是想知道它为什么不会倒，是什么让它在这么破败的情况下还依然坚持？

生2：题目只告诉我们老屋不会倒，但我们读了课文才能了解它的品质。

生3：作者的想法很奇妙，读起来很有意思，我虽然知道结果了，但是还是想读下去。

师：看来这个题目成功地把大家吸引住了，在大家心里埋下一个小小的问号，带着我们一步步地解答，并从中感受到老屋的品质，感受到奇思妙想带给我们的阅读快乐。这样的题目真不错，我们的作文能不能也起这样的题目呢？大家说说看，我们从中学到了哪些起题目的方法？

生1：起的题目要有意思，能吸引人。

生2：题目要新鲜，不要总是用老套路。

生3：题目要概括作文的主要内容。

生4：题目不要太长了，要简洁一些。

师：题目就像一篇文章的眼睛，一个好题目应该是什么样的呢？在内容上，它应该和文章的内容或中心相吻合。在形式上，应该用准确生动的词语、短语或短句，力求新颖、醒目，能激发人阅读的兴趣。希望大家在今后能为自己的作文起一个优秀的题目。

像这样的生成是课前没有预设到的，课堂教学中无论是老师和学生都会爆发出一些突如其来的办法和妙计，这时就要设法将其捕捉住，尽量从它打开的思路上延续发展，通过集体力量与教师的"向导"作用圆满解决问题。

（二）引发争论，解决疑点

争论是解疑的最好方式，当学生能够提出自己的疑问时，就说明对所学内容有了独立思考，所以我们要为学生创造机会，使其充分发表自己的见解。笔者主持研究课题《课堂教学中的预设与生成》期间，课题组成员郑淑芬老师教学人教版义务教育教科书三年级下册课文《我的华老师》时做了如下尝试：文中在描写人物语言时，很多提示语部分都用了描写人物神态、动作、语气的词，而在描写瘦小女生的语言时却没有用。许多孩子发现了这个细节，于是提出疑问："这里如果加上描写女生神态、动作、语气的词应该怎样加呢？"这个问题看似平淡，却对生成良好的教学效果有重要作用。因此，教师将这一问题的解决视为本节课的突破口。问题一提出，同学们很快投入到紧张的学习中，有的拧眉思索，有的朗读课文，有的与学习伙伴讨论，很快教室里便出现了激烈的争论场面。有的说："这个女生是'瘦小'的，应该是'胆怯'地说。"话音刚落就有人反驳道："不对！她身材是'瘦小'的，但内心却分明是刚强的呀，你读读她的话：'我出去站着吧！王蒙就甭去了，他是好学生，从来没犯过规。'这话分明是甘愿替别人罚站，既然这样，怎么能是'胆怯'地说呢？我想用'勇敢'好一些。"另一个同学站起来说："从这个女生的话可以看出，她是个一心为他人着想的人，我认为'勇敢'可以，但用'毫不犹豫'是不是更贴切呢？"有一名同学发言了："我不这样认为，再勇敢也是害怕被惩罚的，何况一个女生，她更懂得怕羞，所以我认为用'胆怯'或'小声'都可以。"这时好几个同学几乎同时站起来："如果用'胆怯'或'小声'，那么跟这个女生的语言不就矛盾了吗？还有老师对待'我'和这个女生两个人截然相反的态度又怎么解释呢？"持"胆怯"意见的同学往下读了读课文，思索一阵，说："对，还是'勇敢'好些，这样才跟女生语言所反映的品格相一致，老师对待两个人的态度才解释得通啊！"这时，更多的同学参与进来，"还可以是'大声'地说""果断地说""认真地说""眼睛一眨都不眨地说""郑重其事地说"……真可谓是"一石击起千层浪"。通过争论，云开雾散，人物品格跃然纸上，对后面课文内容学习也开了一盏绿灯。

实践证明，这种争论式的解疑，深受同学们的欢迎，只要教师善于捕捉教材中的空白，善于预设出有争议的问题，就可以把学生的思维逐渐引向深入。学生争论的过程也是自主探究、深入理解课文的过程，这样，学生会在争论中学会探究，在探究中学会合作，在合作中发展思维。

与此同时，对那些价值不大或不利于实现教学目标的信息要做搁置或缩小处理，谨防课堂教学的负生成，并设法将其转化为正生成。

部编版小学语文三年级上册第 17 课《古诗三首》中的《望天门山》，是唐代大诗人李白赴江东途中行至天门山时所创作的一首七绝。这首诗意境开阔，气魄豪迈，描写了诗人舟行江中顺流而下远望天门山的情景：前两句用铺叙的方法，描写天门山的雄奇壮观和江水浩荡奔流的气势；后两句描绘出从两岸青山夹缝中望过去的远景，显示了一种动态美。

对于三年级学生来说，理解这首诗的意思，尤其是体会诗句意境是一件很困难的事。特别是在学习"碧水东流至此回"一句时，很多同学对"回"字的理解停留在"回来"的层面，完全感受不到水势的汹涌。面对这种不尽如人意的课堂生成，我并没有蜻蜓点水的忽略过去，而是巧妙地进行引导，她首先肯定大家解释采用单字组词解释诗句的方法，并请大家思考：在"天门中断楚江开"一句中，我们感受到什么样的水势？

生答："水很大，把山都冲开了。"

（播放江水拍打天门山的视频）问：但是山并没有冲走，依然矗立在两边，这么大的水要从相对狭窄的山门中流过，出现了什么现象呢？

问：来不及流走而被两山挡住的水会怎么样呢？

生答："不断冲撞山石，还形成了漩涡。"

"波涛汹涌，像巨兽怒吼一样轰鸣。"

问："回"解释成"回来"可以表现这样的现象吗？

生答："回来"这个词显得太平静了，感受不到水的汹涌。

问："回"还可以组什么词，更能表现这样的水势呢？

经过提示和讨论，最终达成一致，以"回旋"作为"回"字的解释。

教学的过程是师生互动的过程，教师掌握的是已知的教材，面对的永远是学生未知的答案，我们不仅要学会发现学生动态生成的资源，也要及时将学生面临的尴尬问题，通过分析、比较、学生自我探索、自我体验的方式，转化为一次新的学习和提升。

做好预设与生成，犹如给语文课堂插上了一双翅膀，关注预设生成的课堂，使学生的学习兴趣进一步被激发，促使学生主动发展。有效地提高了学生在课堂教学过程中的参与程度，学生克服了拘泥或胆怯的心理，有问题的敢问了，并且更多的问题是同学之间通过互相帮助解决的。学生学习的主体性得到增强，心目中老师的角色起了变化，学习积极性稳步增长。预设、生成的课堂，增强了学生的自信心和自尊心，促进了学生思维的发展。学生学习活跃，积极性高，自主性强，更重要的是全班学生的差距逐渐减小，学习成绩水平也趋于接近，不但优秀生得到良好发展，潜能生也有了明显的进步。

参考文献：

[1] 胡庆芳，等．课前预设与课堂生成基本功［M］．北京：教育科学出版社，2007.

[2] 朱志平．教学预设与生成关系论［M］．北京：教育科学出版社，2007.

检测评价，为知识填补漏洞

张孝纯在《"大语文教育"刍议》一文中提出的"大语文教育"，其指导思想是四句话：联系社会生活，着眼整体教育，坚持完整结构，重视训练效率。重视训练效率，就是"强调不能只依靠训练的数量换取成绩，而应以较少的课内读写量和课外作业量，达到提高学生听、说、读、写、思等水平的目标，力求事半功倍"。

如何提高课内读写和课外作业的效率，从而减少学生课业量，为学生减负？笔者经过多年教学实践发现，恰切、及时、养成习惯、形成规律的课堂检测环节，其评价和促进作用不容忽视。

一、字词作业后检测

学生对字词的记忆、理解、应用是学习字词的最终目的，字词方面的家庭作业就是促进这一目的达成的学习内容再现环节，如何使字词作业快捷高效？检查环节的激励促进作用不可小觑。正是因为有作业后，老师的当堂检测，字词作业才会高效达标而不是流于作业这一形式。正确分析学生心理，了解学生希望在集体活动中展示学习效果，得到老师同学的认可这一积极心态，正是检测评价这一环节的积极意义所在。

字形记忆，听写词语是一个不错的检测方法。在新授课结束后及时进行本课字词文章内容巩固检查，听写词语这一检测手段对于掌握生字新词的字形行之有效。而选择恰当词义，近义词、反义词连线或者用上一个、两个或多个词语说话写话的片段练习等多种形式的检测都是进一步理解字词含义，巩固字词记忆的有效手段。

二、背诵作业后检测

语文学习重在积累，需要学生背诵的内容比较多，比如古诗词，重点课文的重点语段，甚至是全篇背诵。如何让学生轻松记忆呢？

首先是理解记忆，让学生在理解诗词大意，文段内容和它所表达的思想情感，以及句与句之间逻辑关系的基础上自然成诵。其次，在课堂理解记忆的基础上，课下的巩固背诵自然就成了高、中段小学语文家庭作业的常见部分。如何保证作业按质按量完成，而且保证全班同学都能高质量完成这一背诵作业呢？笔者认为老师的及时检查是不可或缺的必要环节，检查是否到位，即保证每位同学都能受到检查是保障背诵质量的关键一环。

以人教版小学语文六年级上册为例。本册书中需要积累背诵的内容有八组日积月累的成语、诗句、名人名言；四篇有背诵选择或者指定语段的课文，一篇古文全文背诵。如何处理这些背诵内容呢？笔者采取分三步走的策略，第一步，引导理解内容（课内学习）；第二步，巩固背诵（家庭作业）；第三部，检查背诵。三个步骤的难点是第三步——把好检查背诵关。笔者做过这样的测算，以检查背诵第二组爱国名言为例，每生需要用时一分钟，全班 35 名学生需要用时 35 分钟，再加上生生之间的轮换时间以及老师的实时评价，全部检查完成需要一节课时间，按照课时计划的授课时间安排是完全不可能的。但是及时检查一定是保障背诵作业质量的重要环节，如何解决这一矛盾呢？笔者采取师生互动、生生互动相结合的形式来完成：新课伊始，老师点名检查的同学不超过五名占全班总数的 14%，用时五分钟；之后余下 30 位同学两两互查，人数占全班总数的 86%，用时控制在两分钟之内；最后从生生互查的同学中抽查二到四位同学，已确认生生检查情况。这样安排背诵检查环节用时不超过 10 分钟，不会影响其他授课内容安排，还起到了复习导入新授的作用。

"不积跬步无以至千里，不积小流无以成江河。"坚持背诵作业后的检查环节能够帮助学生自觉高效地完成背诵作业，从背诵检查中获得自我认同、同伴认同以及老师的欣赏性评价，从而树立信心，更加高效地投入学习状态，这样周而复始、循环往复，背诵积累自然成为良好的学习习惯。

三、作文后展示性检测

作文教学一直是语文教学的难点，当堂作文无话可说，课下练笔更是让家长学生头疼的繁难作业。在多年教学实践摸索中，笔者发现，给每个学生提供展示自己作文的机会，是一个培养学生写作兴趣，提高学生写作水平的好办法。

从国家教学计划安排看，自三年级始，小学语文作文每周安排两课时，每学期完成作文八次，课后练笔三到四次。如何科学安排作文写作和评改任务，使每次习作训练和课后小练笔最大限度收到其训练效果，笔者认为，对作文保持持续的热情是前提。如何使全班同学在每一次习作训练或者课后练笔保持饱满的热情是一个值得语文老师深思的大难题。在多年教学实践摸索中，笔者发现，给每个学生提供展示自己作文的机会，是一个培养学生写作兴趣，提高学生写作水平的好办法。

基于这一认识，笔者在每次习作和课后练笔任务，习作课前都要精心备课，以最短时间进行写作前的点拨讲解，从而余出大部分时间给学生进行习作实践；讲评课上直接安排全班同学的个人习作朗读展示，在学生朗读展示的过程中，抓住每篇文章的闪光点或者不足之处进行当堂点评，这样既有针对性，又给每一位学生提供展示自己习作的平台，让每位同学都是小朗读者、小作家、小演员，充分满足学生的表现欲，认同心理以及个人成就感。这样的作文评改课，老师需要准确地预期学生每篇习作的用时，需要抓住恰当时机对学生作文做出准确评价。这就需要老师了解每一位同学的朗读速度，朗读水平；对小学生作文常出现的问题以及修改方向了然于胸。当然，年级不同，学生作文长短有不同，评改时间长短有不同，学生每篇作义读全篇还是部分就要根据每次作文训练的要点要求灵活掌握。

检测作为一种有效评价手段，长期被运用于课堂。如何成功地运用这一手段，如何将检测作为课堂教学一个必要环节和课堂新授、课堂训练、课后作业等环节自然渗透，紧密结合从而在教学工作中发挥更大作用，是我们语文教学实践工作者不断研究的重要课题。

参考文献：

[1] 张孝纯."大语文教育"刍议 [J]. 河北师院学报，1996（1）.

简约课堂，还教学本来色彩

语文教学有其自身的特点。《语文课程标准》明确指出："工具性和人文性的统一，是语文课程的基本特点。"然而，在实际教学中，语文学科在课程特性上出现了异化、变质现象，具体表现在课堂教学内容的呈现上。

其一，有的课堂注重知识内容的任意拓展，而忽视了语文课的本体训练，这较多出现在教学常识性课文时。

例如，一位教师教学人教版第七册的《新型玻璃》一课时，设计了这样的读研专题："课文向我们介绍了五种新型玻璃，它们都有什么特点、作用呢？请自主选择一种，以学习小组为单位合作研读，然后向大家汇报。"学生没费多大力气就将五种新型玻璃的特点、作用罗列出来，至于课文是如何借助语言对这些特点、作用进行说明的，学生则根本没有去细细研读、体味。

出现这种现象的原因在于一些教师为了体现所谓的新理念，虽然将《语文课程标准》提倡的"自主、合作、探究"的学习方式落到实处，挑"科技含量高，网上资料多"的课文让学生研读，但在设计研读专题时，既不注意体现语文学科的特点，又不考虑学生的实际水平、年龄特征，结果只能失去语文课应有的本色，"种别人的田，荒自家的园"，将语文课上成常识课，让课堂成为少数尖子生的"一言堂"。

其二，有的课堂注重教学形式的多种多样，课堂上唱歌跳舞演节目，学生的活动形式多，唯独读书不多，语文教学变成了艺术教学。

我们不能否认，绘画、唱歌、表演走进语文课堂可以使语文课更轻松、更活泼，可以带给学生欢乐，使语文学习更快乐；增强课堂结构的综合性，学科间加强"整合"，可以开阔视野，使语文学习效率更高，更能体现大语文观。但艺术究竟该在什么时机走进语文课堂，学科之间究竟以什么方式整合，应以语文学习目标为依据，为"指导学生正确的理解和运用语文，丰富语言的积累，培养语感，发展思维"服务，应"致力于学生语文素养的形成和发展"。如果为追求气氛而"艺术"，为整合而"凑合"，结果只能是语文学科丢失本性，异化本质。

其三，有的课堂为体现语文教学与信息技术深度融合，满堂课课件演示，科技成分叹为观止，唯独没动书本，语文教学变成了信息技术展示课。

在这纷繁的课改大潮中，作为一线教师，面对先进的教育理念，瞻前顾后不好，裹足不前不好，邯郸学步也不好。拥有可贵的灵魂思想，善于去伪存真，学会吸取精髓，才能在学习借鉴的同时，减少在左右摇摆中的机械追随与模仿，潜心提炼，才能教出自己的特色。

参考文献：

［1］中华人民共和国教育部．义务教育语文课程标准［M］．北京：北京师范大学出版社，2011.

层层训练，铺就起习作之路

语文是基础学科，作文是语文综合能力体现。升入小学三年级，学生开始学习作文，怎样使刚升入三年级的学生对写作文感兴趣，帮助学生认识自己作文的潜力，打消怕写作文，写不好作文的思想顾虑，这是摆在每位语文老师面前的一道难题，只有解决了这道难题，才能有效地提高学生的作文水平。基于此，老师要善于充分利用教材，以层层训练为抓手，为孩子们铺起习作之路。

一、低年级段遣词造句训练，为作文打下扎实的语言基本功

一二年级以识字教学为主，在大量识记生字的同时，有计划有步骤地对学生进行遣词造句的训练，为以后作文打下坚实的语言基础。在低年级进行语文训练中我常常把相同或相近意思的词或句子相互代替，置换对比，让学生联系实际生活通过分析判断得出正确结论，从而加深对语言的理解和运用能力，增强逻辑思维能力。如第三册《我要的是葫芦》一课，"藤上挂了几个小葫芦。句中"挂"字形象地写出了小葫芦从藤上垂下来的样子。如果换成"结"或者"长"句子也通顺，但描写就不那么形象了，还有"别光盯着葫芦"中的一个"盯"字形象地写出种葫芦的人把注意力都集中在葫芦上，根本无视叶子上的害虫，如果把"盯"字换成"看""瞅"或者"瞧"，就不能达到"盯"的表达

效果。我让学生读句子做换词练习，并用自己的话说说用哪个词好？为什么？进而让他们联系生活实际体会作者用词的生动之处，加强准确用词能力训练。

在句的训练中，有目的地改变或转换句子的表现方式，然后进行分析比较，培养学生的发散思维，增强语言表现力，丰富语言。例如不改变句子内容换一种说法，把句子补充完整，照样子写句子等多种句子训练形式。这些练习使学生在今后作文中运用句子得心应手，准确生动。句型练习举例：不改变句子内容，换一种说法。

例句：维吾尔族老乡亲自摘的葡萄。

改成 葡萄，是维吾尔族老乡亲自摘的。

亲自摘葡萄的是维吾尔族老乡。

练习（一）小红亲手关掉了卫生间的自来水龙头。

_____

_____

练习（二）同学们动手制作了蝴蝶标本。

_____

_____

在句子的训练中增加形容限制性成分把句子写具体也是锻炼语言表达能力的良好途径。例如：在（ ）里填写合适的词语。

例句：小马（驮起口袋），（飞快地）向（磨坊）跑去。

（1）同学们（   ），（   ）向（   ）走去。

（2）战士们（   ），（   ）向（   ）前进？

通过填空技法训练，发现词语与词语之间的密切联系既丰富了词汇，又锻炼了词语搭配的能力，不同形式的遣词造句训练，很好地锻炼了学生驾驭语言的能力，为今后作文打下扎实的语言基本功。

二、为学生创作写作素材，在同一题材上下功夫，进行不同程度训练，使学生作文有地放矢

在三年级作文教学中，段的训练是培养学生安排文章结构能力的重点。要使学生言之有序，首先必须言之有物。以儿童熟悉的生活为对象，写一段话，可以使他们有话想说，有话可说。在着重进行人物的动作神态语言描写的片段练习中，我们的命题可以是学生最熟悉的人，身边的人，父母老师和自己。因为朝夕相处，耳濡目染，所以写起来比较得心应手，容易激发学生写作文的积极性，增加作文成功体验，树立学好作文的信心。

在第五册语文教材中，有一处作文训练，训练学生的有序观察。我要求学生仔细观察从上课铃响到开始上课这段时间老师的一系列动作，进行一段话的片段练习。老师要求学生仔细观察，临上课铃响，老师夹着备课本、教科书走进教室，走上讲台，拿起粉笔在黑板上书写课题的连续动作。老师表演完毕，立刻让同学们回忆老师的一系列动作行为，用自己的话说出来。老师一边听，一边在黑板上把表示动作的词写出来。接着请同学们写下来，老师讲评重点放在讲动词使用是否正确。把同一动作描写同学们使用的不同动词写出来，让大家讨论区别这些动词，选出最恰当的。例如"老师夹着备课本、教科书走进教室"一句中"夹着"一处同学们使用动词各有不同，写捧、拎、拿、提、带的都有。大家经过讨论，认为动词"夹"最形象恰当，这样训练使学生明白，不仅动作写的要有顺序，观察要仔细，而且用词要准确。

在人物动作素描训练基础上，再加上人物的神态描写进行第二次片段练习。老师在表演前要提示学生，注意老师的表情前后有什么变化。开始表演了，老师严肃地走进教室，登上讲台准备公布小测验成绩，发现拿错了成绩单，他皱着眉头用手敲一敲脑门儿左翻右找，终于在语文书里找到了成绩单，他微微一笑，开始公布成绩。学生们仔细观察老师的表演后提示学生，根据老师的神态变化，想象老师的心理活动并写下来。这次有了很大的进步，不但能按一定顺序准确运用动词，而且能够写出人物神态变化及心理活动。有位同学是这样写的：老师手里捧着一摞东西，快步走进教室，他脸上的表情很严肃。我想昨天的考试我们一定没考好，又该挨批评啦，快快坐好吧，别让老师挑出我的毛病。果然，老师拿出成绩单要公布成绩，可他刚念到一位同学的分数，就发现拿错了成绩单，他皱着眉头，用手指敲敲脑门，左翻右找，终于在语文书里找到了这次测验的成绩单，老师脸上露出难为情的笑容，好像在说："瞧我这记性，把成绩单搁哪儿都忘了"。

为了巩固已掌握的人物动作、神态描写，继续增加训练内容，老师又对同一题材进行挖掘，加入人物对话描写，设计了第三次片段练习。为了配合老师表演，训练前一天，老师单独找到了小明同学布置任务。

上课铃响了，老师走进教室，发现讲台上放着一盆盛开的海棠花。老师脸上露出惊喜的表情，问大家："是谁为我们搬来的花？""老师是我。"小明不好意思地站起来回答。

"小明为我们美化教室，我们一起来谢谢他。"老师微笑着说，然后带头鼓起掌来。同学们也高兴地为小明鼓掌。老师因势利导，对同学们说，刚才我们的对话场景值得当堂记录下来，这是我们大家用实际行动对热爱班集体的同学进行表扬，也是一次很好的对话场景训练，大家趁热打铁现在就动笔把刚才的情景写下来。

同学们既是演员又是观众，又是作者，显然对这样的作文形式非常感兴趣。不一会儿片段练习就写出来了，大多数同学不但能准确运用动词、形容词描写人物动作神态，还能把人物对话自然穿插在里面，作文训练效果非常显著。

经过多次片段训练，从人物的动作、神态到对话描写，每次练习总在上次练习的基础上有梯度的增加训练内容，加深难度，学生掌握了一些写作要领，开始觉得有话可说。

三、让学生走进作文教学中来，亲身体验作文的乐趣

夸美纽斯在大教学论中指出，教师要在学生有了学习要求的情况下去教，要在学生理解的基础上要求记，要在学生明白行动规则的条件下，再要求去做。因此，在作文教学中，老师要努力创造和谐氛围，鼓励学生主动参与作文训练，从而取得良好的教学效果。

以往的作文教学，都是老师命题，提出要求，限定时间，学生构思成文，学生作文是被动的。我们不妨换一种做法，让学生参与到作文教学中来，帮助老师命题，制定要求，变被动为主动。例如，习作"记一件_____事"，老师在作文之前一个星期就布置作文任务，让学生带着任务去做、去看、去想，留意自己身边的人或事，随时发现写作素材，然后再让同学们把看到的、听到的、想到的讲给老师、家长和同学们听，或者编成小话剧演一演，以不同的形式再现学生生活，唤起他们的记忆，打开他们的思想，同时激发写作兴趣。

在讲、演的基础上，发动同学们对所讲所演的内容评一评议一议，适时提醒大家：如果把这件事写下来，怎样命题？应该选择哪些内容来写？按什么顺序？还需要增加哪些内容？让学生畅所欲言，自由发表意见。这样整个习作过程中，学生都以小主人的身份来主宰整个作文过程，自然会形成主人翁的态度，认真对待作文写作，同时，师生互动、生生互动，甚至家长的无意识自然介入，让作文成为一件有意思的事，何愁学生没有作文兴趣？何愁学生作文能力不会在潜移默化中提高呢？

要让学生成为作文训练的主人，也必须体现在作文的批改上。学生的作文可以让学生之间相互批阅，圈圈、改改。既要把自己认为不恰当

的字词加以纠正，也可以根据自己的理解写眉批和总批，指出优点与不足。如有把握不定之处或看了别人对自己的作文修改有异议可以相互讨论，对别人的批改意见可以采纳，认为不妥的也可以不采纳。让学生相互圈圈、改改，角色转变给学生带来新奇感和成就感，因为扮演老师的角色，因此评起作文来格外认真细致。

在学生圈改作文前，老师应对不同写作程度的学生做好安排。例如作文水平高的同学批改较差的作文，能够为差作文指出不足在哪里，应该怎样改进？而作文能力差的同学批改写作水平较高的作文，也是一个学习的过程。一是学习人家作文的优点，从选材、结构、语言等多方面受到他人作文潜移默化的影响。二是增强自信心："瞧，我也能为这些优秀作文找不足！"

这样的训练就可以不断提高学生的作文水平，通过相互圈改，可以激发学生思维，取长补短，鼓励学生奋发进取。老师对学生圈改后的文章再做批改，着重发现和开掘学生作文中的积极因素，学生体会到自己的劳动成果得到老师的肯定，就会把圈改作文这份劳动看成一项有趣的事情去做，而不是望文生畏。

有位教育家曾经这样说过"教育是帮助学生认识自己的潜力。谁掌握了此道，谁就赢得了学生，并能为他们迎接明天，做好准备。"作文教学中，我们不仅要传授作文技巧，更重要的是帮助学生认识自己作文的潜力，激发他们作文的积极性，为学生作文营造自由发挥的空间，使作文成为一种自我创造，成为一种乐趣。

欲善其事，先利其器有启示

古人讲："工欲善其事，必先利其器。"意思是说工匠要想把活做好，首先要磨砺工具，使工具精良。语言是作文的工具，要想学生写出好作文，老师要重视培养学生扎实的语言基本功。形成扎实的语言基本功重在积累。

一、充分利用教材、形成语言积累

课文是学生作文的楷模，学生可以从阅读教学中汲取丰富的营养，把阅读教学和作文教学有机地结合起来，阅读课上精讲一些结构精巧、思路清晰、语言优美的文章，并有意识地提醒学生学习课文的语言，把课文中的好词佳句记忆下来，体会词语和句子的意思以及使用环境，自然运用到自己的作文中去，变成自己的语言，表达能力会不断提高。

生动的语言可以唤起读者的联想和想象，正是课文这些优美的描绘，才给了读者这样丰富的联想。利用阅读课教学引导学生积累好词佳句，首先应该加强有感情地朗读指导，激发学生情感投入，借助多媒体音像带学生进入课文描绘的意境之中，体会感悟。在充分朗读的基础上，引导学生联系生活体验，边读边想象，在头脑中复现课外内容，在反复阅读的基础上理解成诵。

人教版五年级下册"走进西部"主题单元选录了老舍先生的散文《草原》。《草原》描绘了内蒙古草原美丽的自然风光和浓郁的风俗民情，借景抒情，表达蒙汉民族间的深情厚谊。课文语言优美，富有形象感和画面感。品读优美语句，体会表达方法是本课教学的重点和难点。在教学中。老师要善于引导学生品味课文精美的语言，培养学生对语言的感受力与初步的审美能力。文中不乏意境优美的好词佳句，值得同学们用心积累。例如，"那些小丘是那么柔美，就像只用绿色渲染、不用墨线勾勒的中国画那样，到处翠色欲流，轻轻流入云际。"首先，老师以提问的形式引学生关注到重点词语"渲染"和"勾勒"。通过多媒体演示理解渲染是指用水墨或淡的水彩涂抹画面以取得不同寻常的艺术效果；勾勒是指用线条勾画出轮廓；翠色欲流，是指青草鲜嫩，颜色青翠，像在流动，富有生机。老舍先生将草原描摹成一幅挥毫泼墨的写意画，突出草原的辽阔碧绿，小丘线条的柔美，整个草原犹如巨幅中国画那样，赏读佳句，恍如置身于这充满诗情画意的境界中，老师要求学生在理解的基础上背诵记忆，增加词汇、丰富语言。为了让学生更好地理解这种优美的意境，加深印象，老师采用多媒体出示同步声像画面，把抽象的语句化为形象的画面，镌刻在学生的头脑中，每每忆及，就会想到那些优美的语句，日久天长，转化为自己的语言存储，在写作文的时候，自然流注笔端。

二、按时写日记，锤炼表达能力

日记是一种很好的练笔形式，或记一件事，或写一个人，或状一个物，或描一处景，或抒一份情，在日记中学生往往可以放开思路尽情抒写，不但使平时积累的词汇得到运用，而且使学生的思维和想象能力得到锻炼。笔者从低年级开始从未放松过对学生写日记的要求，随着年龄的增长学生的语言表达能力越来越强，不但能灵活运用课堂上积累的语言而且有许多形式新颖，富有儿童情趣的口语也被运用到日记当中增添了语言的稚气和活力。

写日记有一定的格式，一般在日记的前边和日记的后边注明写日记那天是几月几日、星期几天气如何？比如3月8日，星期五晴，然后下面另起一行，才写日记内容。

其次，写日记内容要有选择。把一天生活中自己认为最重要最精彩的一点记在日记里，不要像记流水账一样，从早到晚自己看到的，听到的和做过的都记上，那样的话日记篇幅冗长乏味，没有意义。那么我们应该选择什么内容呢？第一，选择有意义的一点，比如参加古诗词背诵比赛抢走了学霸的冠军，钢琴晋级做好了向六级进军的充分准备……第二，选择新发现的一点，比如花盆里种子发芽了，大喜鹊在楼前树上安了家……第三，选择体会最深的一点，比如参加放风筝比赛得了冠军时内心无比喜悦……第四，选择自己又学会的新本领：生活技能、运动技能、交际技能……第五，选择读书、看电影、电视、听广播，参加某项活动的点滴体会，比如最近看电视《小猪佩奇》后收获是什么？第六，自己的新的设想，新的打算，比如母亲节就要到了，我准备给妈妈叠一束百合花做礼物……

再次写日记要做到有顺序、有条理。观察任何事物都有一定的顺序，做任何事情都要有条理，写日记时也要按照事情发展的顺序和条理记叙。比如观察金鱼睡觉，这篇日记就是要按照观察的时间顺序写，才能清楚明白。写连续观察日记有一定难度，但是能提高观察事物的能力。连续观察是指对同一事物在几个时期的变化进行连续的观察，认识并记录这个事物在不同时期的变化和特点，这样做既培养了观察事物的能力，又充实了写日记的内容，建议同学们多做连续观察日记的训练，既是对自己儿童生活的真实连贯记录，又是训练观察力，综合表现力的好方法。

最后，写日记的字数要求。日记的长短要根据内容而定，该长则长，该短则短。短的三言两语，长的可以写成短文练习，写日记可以先从写短的开始，刚开始写不计较字数长短，只在乎是否能每天坚持。老师要引导同学们认识到坚持写日记的重要性，写日记近乎于作文片段练习，只要坚持不断的练习，天天写日记就会提高自己的写作文水平。

三、结合口语交际，锤炼表达能力

口语练习也是锤炼语言的又一途径，现行语文教材的口语交际形式很活泼，内容也贴近学生生活，学生乐学，爱说，我在课前要求学生做好准备，课堂上充分让学生发言，交流、讨论、辩论不拘形式。每次口语交际课后，笔者都趁热打铁，让同学们写成作文，又一次用文字梳理自己的思维，锻炼语言表达。

写作文，从说话练起。语言是人类交往不可缺少的重要工具，说话是运用语言工具进行思想交流的一种形式，不少精彩的演讲运用绘声绘色的语言表达深厚的思想感情，深刻地打动听众的心，起到启发教育鼓舞听众的作用，给人们留下极其深刻的印象。说话要完整，每句话都要表达完整的意思，说话要做到吐字清楚、发音正确、用词恰当，而且形象地表达要叙述的事物；说话要流畅，不要吞吞吐吐，结结巴巴，说话时要认真想一想要说一件什么事，先说什么再说什么，后说什么，要有顺序，要有条理，说话之前对要说的内容，做到心中有数。写就是把心里所想的、心中要说的话用文字表达出来，如果能够把要写的内容像讲故事一样讲得头头是道就得反复琢磨，不但让故事烂熟于心，还要讲究顺序安排。口头训练，有助于提高写文章的能力，对于中小学生来说，说话训练至关重要，应该有目的、有计划地进行长时期训练和培养，从读书、背诵到演讲训练，不断提高口头表达能力。在培养学生口头表达能力的同时，要努力培养学生的智力，提高学生的智能，锤炼学生的思维能力和组织文章的能力。有的同学见生人就害羞，不敢说话，当着众人发言就脸红口吃，这说明缺乏口头表达能力的训练和培养。为了提高学生口头表达能力，老师和家长都应从学生的实际出发，给他们创造积极锤炼口头表达能力的机会。此外，学生自己也应该积极创造条件，从发表意见、回答问题、讲故事、朗读、演讲等多方面入手，自觉的训练，培养自己的口头表达能力。

进行口头训练时，应该努力做到以下几个方面。1. 说话目的要明确，告诉别人一件事，解答一个问题，批评谁，表扬谁要明确，不要稀里糊涂。2. 说话内容要准确，红是红白是白，不要含糊不清，模棱两可。3. 说话要正确清楚，表达正确的意思，言语要清清楚楚，不要吞吞吐吐。4. 说话要表达一个完整的意思，不要只说一半话，让人费解。5. 说话要有重点，突出干净利索不啰嗦，减少不必要的重复客套，没有必要的嗯、啊等语气助词。6. 说话要有顺序，先说什么后说什么，要安排恰当。7. 说话要有感情，语调才能亲切感人。8. 说话时用词准确，增加语言的形象性，不要生造别人听不懂的词语。9. 说话要讲文明礼貌。① 进行说话训练时，要做到由简到繁，由句到段，由段到篇，由一般到具体。说话训练是必不可少的一种形式，我们要不断提高口头表达能力，为写好作文打好基础。

学生作文是长期的生活经验积累、思维逻辑训练、语言表达水平的综合载体，其内容的具体丰富、结构形式的条理清楚、语言的文从字顺是一个有机的整体，我们在作文教学中要把几方面训练有机地结合起来，而不能人为地割裂开去，经过长期有序的语言表达训练，相信我们的作文教学一定会迈上一个新的台阶。

预约精彩，让作文表达生活

叶圣陶先生曾经说过这样一段话"文章必须从真实的生活中产生出来。把真实生活所不曾发生的事勉强拉到笔头下来，那是必然要失败

---

① 周康明. 怎样写作文（第六行）［M］. 北京：原子能出版社，1986：74.

的勾当，做人就要留心自己的生活，有了充实的生活，才能有好文章。"这段精辟的论述告诉我们，要想写好作文，必须有多方面的生活经历，为我们提供广泛的写作素材。

怎样丰富学生的生活经验，积累写作素材呢？在近几年的作文教学中，笔者做了以下几方面努力，并取得了良好效果。

一、自己动手做家庭的小主人

为了培养学生的主人翁意识。学会劳动的本领，自己的事情自己做，也丰富生活经历，笔者每星期给学生布置一项特殊的作业——做一件力所能及的家务活，并留心做这一项家务活的每个步骤，有了直接的生活实践之后，再指导学生练习口头描述自己的生活，把自己通过实践得来的素材写成作文。于是在学生笔下《小厨师的经历》《爸妈看我的》《今天我当家》……一篇篇内容真实、感受真切的优秀作文出现了，由做事到作文强烈的表现欲，使作文不再是无米之炊，而成为一种自我表达的方式。

二、积极参加各项活动，多方面发展自己

素质教育着眼于培养学生各方面的能力，我积极鼓励学生参加学校组织的各项活动，培养他们动手动脑的能力，这样不仅使他们的生活更加充实有意义，同时也为学生创造了许多作文素材，我提倡学生从小有自己的爱好，要学有所长，并在班集体中为他们创造必要的条件，让学生有机会展示自己的特长，在竞争中求进步和提高，有了丰富的经历做基础写起作文来就得心应手。例如学校组织学生自己动手制作藏书票，喜迎澳门回归祖国怀抱，在期末复习比较紧张的一段时间里，我积极支持学生参与这个活动。在这次活动中，我班是学校展出作品最多，获奖人数最多的班级，许多同学把这些经历写进了作文。老师的精心指导，

同学之间的互助合作，藏书票的精美别致和绘画印制过程洒下的汗水，都成了生动的作文素材，在小作者的描述下，一篇篇文笔优美、内容感人的文章令老师们赞叹。

三、增加课外阅读量，开阔眼界

俗话说，熟读唐诗三百首，不会作诗也会吟。课外阅读，在小学生学习作文写作过程中起着至关重要的作用，课外阅读和课内学习是相辅相成的，同时课外阅读也能激发学生的想象力，使他们在阅读他人作品的同时，创造出有自己独到见解的作文素材。例如我班刘佳同学读了老舍先生的散文《猫》以后，受到那个折断花枝、踏印梅花的调皮小猫的启示，写了一篇状物作文《我家的猫》。文中用细腻生动的笔触描述了家中那只与自己朝夕相处两年的小黑猫对着镜子吹胡子、瞪眼睛的调皮和依偎在脚边假寐的安详，字里行间流露出小作者和猫之间那种无邪的默契和理解。

准确运用语言也是使作文生动起来的一个关键环节。

朱自清先生的散文《荷塘月色》是一篇脍炙人口的名篇，之所以历经数十年其魅力不衰，首先得力于先生优美生动的语言。同样，学生作文时同一个素材而成文之后效果迥异的原因也在于不同学生对语言的驾驭能力高低上的差异。如何提高学生的语言表达能力，使学生作文生动起来呢？首先是积累词汇，小学课本中的每一篇课文都是编者经过精心筛选，合理安排的佳作，也是学生积累词汇的最直接材料，因此每讲完一篇课文，我都要求学生把文中表意准确、感情丰富的词句摘记下来备用，例如在学习状物单元后，我要求同学们把本单元课文中优美的词语找出来摘录，并仿照课文做状物片段描写。张爽同学在家乡特产《核桃》一文中有这样一段描写："剥开那层青绿色外皮，砸开土黄色硬壳，再扯掉包在核桃仁上的淡黄色薄膜，就露出了细腻嫩白的核桃仁，圆圆的核桃仁上，那一道道皱褶千回百转，就像起伏的山峦、纵横的沟壑，这小小核桃竟有如此大的气势，真让人赞叹不已。"他准确运用了细腻、嫩白、圆圆等词语，描绘出核桃仁的特点，模拟课文状物描写并做了成功的再创造。

其次，口语规范化，也对书面语言的成功表达起着重要作用。在平时与学生接触交谈中，老师规范的口语、准确的用词、恰当地形容对学生的文字表达能力的形成起着潜移默化的作用。

四、在课堂上多留空白，把说话的机会让给学生

在小学高年级段，随着知识的积累，学生表现欲也在逐渐增强，在课堂上，老师对一些学生能够讲明白的问题欲言又止，留下空白把说话的机会留给学生，让学生自己组织语言解释问题、阐述观点。久而久之，口头语言表达能力就会得到大幅度、大面积的提高，从而直接促成书面语言的高质量。

作文是一种综合能力的训练，细心观察生活，主动参与生活，为作文创造丰富的素材，同时在语文学习和课外阅读中有意识地积累好词佳句、锤炼语言，作文就会逐渐生动起来。在生活中预约精彩，让作文表达精彩生活，让我们引领孩子们走一条"我手写我见，我手写我做，我手写我心"的真实习作之路。

柳暗花明，换位思考达化境

曾经看到过这样一篇文章，文章开头给大家出了一组数字游戏：1+1=1，1+2=1，3+4=1，5+8=1，10+14=1……怎么可能有这样的相等关系呢？我们不妨换一种思考的角度，不可能就会变为可能：1斤+

1 斤＝1 公斤，1 月＋2 月＝1 季度，3 天＋4 天＝1 周，5 时＋8 时＝1 时（13 时），10 小时＋14 小时＝1 天……

原来换一种思考的角度就会得到一种全新的思维方式，使不可能的问题迎刃而解，变成了可能。

小学生作文不是无话可写，就是老生常谈、内容千篇一律，这是语文老师最伤脑筋的问题，怎样才能上好作文课，让学生对写作文感兴趣呢？我们不妨换一个角度看问题，换一种思维想问题，换一种方法解决问题，看看问题是否能够迎刃而解。下面这堂作文课，老师把生活的情趣有意识地带进课堂，创造了一个温馨的作文情境，使作文教学变得轻松自如，富有生活情趣。

这是四年级第一学期的一节作文课，本次作文是状物习作，写自己喜欢的一个小动物。上课前，老师布置了任务，让同学们把自己饲养的小动物都带到课堂上来。老师让同学们自由结组，欣赏自己喜爱的小动物，看看它们有什么外形特点，并请小主人们讲一讲它们的生活习性。

在同学们观赏完小动物，听小主人们讲述它们的生活习性时，老师有意识地对同学带来的小宠物进行儿童化语言描述：

　　"瞧，小白兔被请上了讲台，这个红眼睛的家伙有点认生，慌慌张张地从讲台上摔了下来，幸亏它的小主人张京京同学眼疾手快，凌空接住，才没酿成事故……"

　　"同学们你们知道吗？为了顺利地把小鸽子带到学校，小鸽子的主人渺渺同学还剪掉了鸽子翅膀上的羽毛，你们看，它被小主人捧在手里，一进教室就到处乱飞，撞得翅膀流血，洁白的墙上都滴上了点点血迹。小主人心疼得哭了，惹得其他几个多愁善感的小姑娘也陪着她掉眼泪呢！"

　　"同学们快看，杨硕同学的两只大蜗牛驮着小房子，伸着长长的触角，软软的身子一伸一缩地在一张大白菜叶上爬行，你轻轻一碰它，它立刻把身子缩进小房子里再也不敢出来……"

春风化雨、润物无声，老师富于生活情趣的儿童化语言，生动形象地表达，吸引了他们的注意力，唤起孩子们的情感共鸣，同学们在听完老师的生动描述后，再观察那些小动物，自然多了一份怜惜和喜爱。带着这份情感去写作文，作文字里行间流露出的是真情实感，有了真情实感，作文训练就成功了大半。

作文前的情感蓄势固然重要，但流畅的行文，依然需要明晰的思路和准确的表达。怎样引导学生把小动物的外形和生活习性交代清楚，把和小动物之间的情感淋漓尽致地表达出来呢？要解决这个问题同样需要老师的语言引领。

在指导学生作文这一环节，老师没有讲作文的章法也没有读范文，而是用儿童语言讲起小时候自己和花猫之间发生的一段故事。

"那时候，老师还是一个七八岁的小姑娘。家里养了一只大花猫，大花猫又肥又壮，有一双浅绿色的眼睛。花猫可懒了，白天它总是眯着眼睛趴在炕头上睡大觉，还"呼呼"地打呼噜呢！可到了晚上它就精神起来了，你瞧，它弓着腰，竖着耳朵，在墙脚走来走去，你可别以为它那是在悠闲地散步，其实它在执行巡逻任务呢，一旦有耗子出来偷东西，它就会像闪电一样扑过去，把这些犯罪分子缉拿归案。"

知道吗？老师小时候和大花猫之间还发生过一个有趣的故事呢！

"一天晚上，妹妹牙疼，没完没了地哭个不停。我想了许多办法来哄妹妹都没成功。我灵机一动，想起了那只花猫：如果把铃铛拴在猫尾巴上，让猫拖着铃铛跑来跑去，铃铛'哗啦拉'地一响多好玩！妹妹见了一定不会再哭了。于是我就拿来扎辫子的头绳，把铃铛系在猫尾巴上。猫一听到铃铛响果然动起来，它惊慌失措地在炕上奔跑起来，越跑越快，大概是受了惊吓，拖着铃铛从窗台上窜了出去，'哗啦啦'的响声很快消失在漆黑的暗夜里。从此那只猫再也没有回来……"

老师的故事像一把钥匙打开了同学们记忆的门，老师生动、富于生活情趣的语言潜移默化地影响着同学们，同学们争先恐后地讲起自己和小动物之间的故事，正是老师的语言引领才有了学生下面的精彩作文片段：

"午睡醒来，一穿拖鞋，啊，大脚趾被一把小钳子牢牢钳住，原来是新近从河里捉来的小螃蟹从水盆逃到了拖鞋里，至今想起来心还在怦怦跳呢……"

"一大早，我去喂养在楼道里的小兔子，打开盖却发现筐里空空如也，小兔逃了！正伤心得泪流满面时，一抬头，哈哈，那个顽皮的家伙竟然躲在白菜堆里大嚼呢！"

"你们看，小猫正对着一面镜子又抓又咬又叫，瞧它那紧张样，仿佛遇到敌人一般，走过去一看，嘀，原来是认错了人，正跟镜子里的自己较劲呢！"

……

不难看出，生活的情趣是作文教学不可或缺的润滑剂。作文教学最忌单调乏味，一味地讲写作方法、讲篇章结构，一味的读范文、积累佳句名篇会让学生对我们的作文课产生审美倦怠，失去写作兴趣。换一个角度，换一种思维，我们多留意孩子们的生活，去发现生活中无处不在的情趣；把这种情趣加工改造融入作文教学当中，使作文和生活巧妙地结合起来，使作文课堂充满生活的情趣，不是一种很好的作文教学尝试吗？

教育教学工作是一种职业，更是一门艺术。一门"活"的艺术，它不仅需要我们的敬业精神更需要我们的创新精神，不循规蹈矩、不墨守成规，面对教育教学中出现的问题敢于换位思考，敢于创新思维，才会达到柳暗花明又一村的理想境界，从而享受教育的美丽，实践教育的美丽。

"三有"要津，让作文水到渠成

语文教学着眼于培养学生听说读写能力。不仅要求小学生说起话来有条有理，而且要会在作文中自由抒写自己的见闻、感受和想象，表达真情实感，做到内容具体、条理清楚、文从字顺、言之有力。如何达到上述几方面的能力培养呢？教师的引领作用不容忽视，引导学生掌握"三有"要津，让作文水到渠成。

一、怎样使小学生作文内容具体、言之有物

经常有老师给学生作文下这样的评语："作文像记流水账，没有内容，没有重点……"言之无物是小学生作文的通病，为什么会存在这种现象呢？

生活是文学艺术创作的源泉。没有生活实践，再高明的作家也写不出震撼人心的作品。小学生作文不是文学作品，只是习作而已，但习作

要写得有血有肉，也同样需要生活实践做基础，真实的生活经历才是作文的题材库。单纯的生活实践并不能直接形成学生的写作素材，还需要老师恰当、适时地引导，一个擅长作文教学的老师会在每次习作前为作文教学做充分的准备，包括备教材、备教法、最重要的是备学生。为学生创设实践机会并引导学生在实践中观察、体会、积淀、形成素材。学生作文时才有内容可写，才能避免写成流水账。

1. 创设情境，引导观察，形成积累。

教师要善于创造机会，让学生接触社会，走进自然，开阔视野，培养学生观察能力，思考能力，在丰富多彩的业余活动和生活实践中积累材料。例如第六册的作文训练中有一次是请同学们写一篇关于做游戏的习作，为了给学生积累素材，我们在活动课上搞了一次猜词比赛。课前要求学生听清游戏规则，仔细观察游戏过程，积极参与猜词游戏，并留心体会活动当中自己的心情变化，留心观察其他同学在活动中的动作、表情。因为是新鲜有趣的游戏，所以大家注意力非常集中，活动时情绪高涨、气氛热烈、印象深刻，加之作文前老师的及时启发，学生写起作文来就得心应手。鉴于以上经验，每次作文前，笔者都提前做好准备，根据作文内容要求搞各种活动，帮学生积累素材，让学生有话想说，有内容可写，不做"无米之炊"。

2. 联系生活，激活文思，是学生创作的源泉。

在学习生活中常常有一些偶发事件吸引学生的注意力，处理得当会成为学生习作的素材。笔者在课上课下非常留意这些可成为素材的机会，每次遇到就都能抓住契机，指导学生观察，落笔成文，写出自己的真实感受。

案例 1. 一只美丽的大蝴蝶成了教室的不速之客，语文课立刻变成了观察课，老师和同学们惊、喜、捕、赏，又放生的经过，在同学们的笔下成了一篇篇言之有物，感受深刻的好作文。

案例2. 同桌的两位男生因为一张卡通画片争执起来，都说是自己的，各有各的道理，争得面红耳赤，其中一位同学因为说服不了对方还着急得哭了起来。我让同学们都来当小法官评判是非，同学们你一言我一语的竟把那两位同学说得口服心服，重新言归于好。当即我让同学们以"我当小法官"为题目把这件事以对话的形式写下来，学生们欣然命笔成文，写出自己的真实感受。

案例3. 临近教室的两个室内厕所经常有同学使用后不随手关闭水笼头，我及时对学生进行节约用水的教育，同学们不但自己随手关闭水笼头还向其他班的同学做好宣传工作。于是，我有意识地引导学生注意观察日常生活中有哪些浪费水的现象，我们在日常生活中怎样做到节约用水？指导他们写成作文《节约用水》。

为了积累写作素材，笔者坚持引导学生把目光投向广阔的生活空间，去捕捉和搜寻那些日常生活中经常遇到又容易轻易被忽视的事情。为学生营造一个开放的作文环境，并引导学生在实践中观察、体会、积淀，形成素材。"问渠那得清如许，为有源头活水来。"学生作文有了长足的进步，不再是干巴巴的三言两语，就得力于留心观察、不断积累这一"源头活水"。

二、小学生作文怎样做到条理清楚、言之有序

作文要做到条理清楚、思路明晰必须按一定顺序写，安排好作文的结构，哪里是重点要详写？哪里是非重点要略写？不能漫无目的地东拉西扯，眉毛胡子一把抓。如果把一篇完整的作文比作一处建筑，那么条理清楚就要求设计师合理安排好门、过道、大厅等各部分的位置。

首先学会列提纲。

作文提纲犹如一个人的骨架，列出提纲，就整理出了整篇作文的思路，作文就有了基本轮廓。教会学生列作文提纲是指导学生作文有顺序、有条理的首要步骤。

小学中年级段学生刚开始作文，列提纲要求不要过高，如果写事，只要安排好事情的起因、经过、结果的顺序就行；如果写人，知道开头部分简单介绍一下你要写的这个人，中间写有关这个人的一两件事，最后，写你对这个人的评价或感情即可；如果写景，按时间顺序、空间顺序或按地点转换顺序安排材料即可；如果是状物的文章，知道按从上到下，从头到尾，或从里到外等顺序依次介绍即可。列提纲练习不仅使学生养成按一定顺序组织语言的能力，而且潜移默化地锻炼学生思维的条理性和逻辑性。

其次，注重范文引路，训练形成技巧。

写作活动是语文综合能力的体现，它需要学生不断学习写作方法，汲取营养，掌握习作规律。中年级的作文训练要注重范文引路，读写结合。现行三年级语文教材的六篇习作都安排了范文，编者意在让学生看例文、学章法。老师要以范文为例分析讲解指导写法，让学生通过范文阅读体会不同类习作的不同写作顺序和不同表现方法，并转化为自己的习作技巧。例如指导三年级学生完成写观察动物的作文练习时可以这样进行：

1. 讲析例文《白鸽》，帮学生厘清叙述顺序，画出重点描写白鸽外形特点的语句，积累好的词语句式，体会作者对小白鸽的喜爱之情。

2. 出示实物，指导观察。如出示一只小白兔（可以是玩具），让学生模仿《白鸽》的观察方法进行观察讨论，注意抓特点。

3. 提供词语、句式，帮助学生组织语言。老师提出必要词语、句式如"有……还有……更让人奇怪的是……""它那……它那……"指导学生抓住小白兔外形特点，按一定顺序进行口头描述。

4. 展开联想，讨论比较。联系日常生活经验进行小组讨论，了解小白兔的生活习性，并引导学生把小白兔与其他小动物做比较，更进一步突出小白兔的特点。

5. 列出提纲，理出顺序。按照例文的结构形式，结合自己的观察思考，列出《小白兔》作文提纲，形成完整的作文思路，以期达到作文条理清楚。

三、小学生作文怎样达到文从字顺、言之有力

作文，是对学生运用语言能力的检验。要运用语言，首先得有丰富的语言积累，这是毋庸置疑的，有了相对丰富的语言积累，并不代表会正确合理的运用语言表情达意。作为一名教师怎样引导学生正确合理运用语言表情达意，做到文从字顺、生动活泼、言之有力呢？

（一）语句完整、通顺流畅、感情色彩鲜明是作文言之有力的首要条件

语句正确、完整才能通顺流畅，有些同学写作文时往往不注意这一点，文章中很多病句，常常会影响表达的效果。在学生作文中常见的病句有以下几种。第一，句子成分残缺。句子成分残缺是指句子的结构不完整，缺少某个或某些必要的成分，缺少成分，句子的意思就表达不清楚、不完整，在成分残缺的病句当中，缺主语、缺谓语、缺宾语比较常见。第二，用词不当。用词不当是指词语搭配不恰当、不合逻辑，没有准确把握词语使用范围和感情色彩而造成的大词小用或者是褒贬词运用不恰当等情况。第三，词序颠倒。词序颠倒是指由于词语的位置顺序不对，造成意义上的混乱。第四，关联词不切。指在句子中出现关联词语的误用、滥用、残缺或者搭配不当等问题。第五，指代词运用不当导致

的指代关系不清楚。① 怎样避免以上这几种语法问题在小学生作文中重复出现呢？笔者认为结合学生的具体作文问题，适当渗透语法知识，让学生在头脑中形成正确的词序系列与相关知识链接，就会很好地避免以上问题，写出正确通顺的语句。

要做到作文语言通顺流畅、生动活泼、言之有力，用词的感情色彩也不容忽视。有些词语带着鲜明的感情色彩，表达强烈的爱憎情感。凡含有赞赏、嘉许、褒扬、奖掖、喜爱、尊敬、美好、吉祥等感情色彩意义上的词，就是褒义词。词义带有贬斥、否定、憎恨、轻蔑感情色彩的词就是贬义词。随着语言积累的增长，学生很容易区分褒义词和贬义词，但是同一个词语在不同语境中感情色彩是不同的，要引导学生合理运用这些带有感情色彩的词语让它为文章准确鲜明的表情达意服务。

（二）正确运用修辞方法也是使语言生动活泼、言之有力的渠道之一

正确运用比喻、夸张、比拟、排比等修辞方法也是使语言生动活泼、言之有力的渠道之一。所谓比喻，就是打比方，就是用一种人家比较熟悉的具体的形象的事物去比另一种不熟悉的甚至抽象的事物。运用比喻，往往能把抽象的东西说得具体形象，把深奥的道理说得浅显易懂，收到形象生动、新鲜、活泼、鲜明、深刻的效果。但是有些同学不懂得比和被比的事物，必须在某些特点上有相同或相近的地方才能比喻这一点。出现比喻不当的现象。在写作文的时候，正确运用比喻手法要提醒学生弄清比和被比的事物必须在形态、颜色、声音性质等特点上有相同或相近的地方，努力克服比喻不当的毛病，恰当地运用比喻，写出生动形象的句子。夸张，为了表达强烈的感情，突出某一事物的某个特点，有意把话说得夸大些和缩小些，这种表现方法叫作夸张，夸张能起

---

① 周康明. 怎样写作文（第三行）［M］. 北京：原子能出版社，1986：150.

到渲染气氛、增强表现力量从而产生强烈的艺术效果的作用。夸张的方法有很多，比如用比喻夸张，用成语夸张，用拟人夸张。比拟就是把事物人格化，或者把人当作事物来写，比拟可以分为拟人和拟物两种，拟人就是把事物当作人来写，是事物人格化。拟物就是把人当事物来描写。运用比拟可以抒发强烈的思想感情，使语言形象活泼，增加文章的色彩。但是比喻句和拟人句是有区别的，作文时要提醒学生不能把在比喻中运用的好像、仿佛等词用在拟人句中。此外，排比是把三个或三个以上结构相同或相似，内容密切关联，语气一致的词语或句子排列在一起的表现手法。运用排比。能增强文章的气势和说服力，表达强烈的思想感情，增强语言的节奏感和旋律。作文训练中，教师要有意识地引导同学们写作文时学习正确的使用比喻、夸张、比拟、排比等手法，使语句通顺流畅，形象生动，言之有力。

（三）正确使用标点符号为准确表意、生动表达助力

标点符号是用来标明句读、语气和专业专名的书写符号，它是帮助同学们把话表达明白的工具，有些同学写作文时不使用标点符号，或者不能正确的使用标点符号，造成意思表达上的不完整、不正确、句式混乱，甚至会出现不少笑话。所以要弄清楚各种标点符号的形状和用法，在写作文时才能正确地使用。标点符号的使用使文章更具表达特色，六年级课文《桥》是一篇情节跌宕起伏，结构设计精巧，语言简短有力的小说，文章中标点符号的运用起到了非常重要的表达效果。《桥》多用短句、简段来渲染紧张的气氛，不同标点符号的运用起到了关键作用。如课文开篇就写黎明的时候，雨突然大了"像泼。像倒。"短短的四个字、两个句号构成了两句话，不仅描写出雨水之大，而且表现出雨水的来势凶猛，为下文的山洪爆发做铺垫。再如课文中村民排队过桥时老支书从队伍里揪出一个小伙子吼道："你还算是党员吗？排到后面去！"老支书的对小伙子的质问、命令以及语言背后的严厉，不徇私情

都通过这一个质疑的问号，一个责问的叹号表达了出来。标点符号的恰当运用为刻画老支书坚定的态度，果断地行动起到辅助作用，渲染出这一大公无私的人物形象。标点符号的正确运用，离不开对标点符号的正确认知和书写。为了让学生区分标点的外形特点，牢固记忆，正确使用，笔者把周康明著《怎样写作文》中的《标点符号歌》进行了全文诠释，带同学们解意辨形，牢记于心。

附：标点符号歌①

一句话说完画个小圆圈，

中间要停顿圆点下带尖。

并列词语间点个瓜子点，

并列分句间圆点加逗点。

引用原话前加上双圆点，

疑惑或发问耳朵坠耳环，

命令和感叹滴水下屋檐。

文中要注释两头各半弧，

引文或摘句蝌蚪上下窜。

转折或注释一横写后边，

意思说不完六点紧相连，

特别重要处字下加圆点。

作文语言通顺流畅、生动活泼、言之有力离不开大量阅读和长期习作训练的真功夫；离不开老师在语句完整通顺、修辞生动形象、标点正确使用等方面循循善诱的引导。语文教学着眼于培养学生听说读写能

---

① 周康明. 怎样写作文（第五行）[M]. 北京：原子能出版社，1986：154.

力。不仅要求小学生说起话来有条有理，而且要会在作文中自由抒写自己的见闻、感受和想象，表达真情实感，做到内容具体、言之有物，条理清楚、言之有序，文从字顺、言之有力。如何达到上述几方面的能力培养呢？教师的引领作用不容忽视。在作文教学中教师主动为学生创设情境、引导观察、激活文思、形成积累，让学生有内容可写；注重范文引路，加强提纲训练，使小学生作文条理清楚；丰富语言积累、锤炼表达能力，使小学生作文文从字顺。

参考文献

［1］中华人民共和国教育部．义务教育语文课程标准［M］．北京：北京师范大学出版社，2011.

［2］中国人民大学书报资料中心．小学语文教与学［J］．北京：中国人民大学书报资料中心，2002.

［3］周康明．怎样写作文［M］．北京：原子能出版社，1986.

教学研修，感悟情趣态作文

因为对作文教学多年的兴趣，我报名参加天津市实验小学基地校研修，有幸成为了刘军主任的学员，刘主任是天津市特级教师，国家级骨干教师。中国教育学会小语会特级教师教学研究中心委员，天津市小语会常务理事，天津市语文学科带头人。"天津市未来教育家奠基工程"首批学员。他在小学作文情趣态教学研究方面卓有成效，建立了作文指导、讲评的高效模式，通过观摩刘主任的作文指导课，听刘主任《情趣态作文教学的"五位一体"》讲座，以及在听评课过程中面对面的多次交流，我对情趣态作文教学有了一定的认识，结合自己的作文教学经验深入反思自己的作文教学工作，对作文教学有了新的理解，从教育理念到方法策略、兴趣培养以及课堂把控等多方面受益匪浅，收获颇丰。

一、学生作文，兴趣为先

听刘军主任的《情趣态作文教学的"五位一体"》讲座，对我触动最大的一点就是，教学生写作文，首先得培养学生对写作文的兴趣。

刘主任以《正大综艺》一档大型亲子游戏互动节目《宝宝来了》为例子，介绍了怎么把自己的作文课上成孩子们期待的热播节目。首要条件是吸引人，并从内容、形式、策划、设计、呈现等多方面讲了怎样做到吸引人。不论是形式还是内容的设计，不论是策划还是呈现方式的选择，都处处体现了"情趣"二字。只有我们的作文课从备课到授课，从语言选择到模式呈现都充满情趣，才能使学生感兴趣，有了兴趣，再进行作文教学过程，学生作文就不再是难事。

（一）明晰概念，思路清晰

情趣态作文就是在生态语文教学的视野下进行的作文教学。情趣态作文根据学生身心发展的规律，从诱发学生的真情学趣入手，注重学生体验，注重读写结合，注重内容新异，注重指导情趣，注重实际效能的一种作文模式。

（二）形成常态，兴趣持续

态，指状态、常态、生态。具体而言，指的是从学生的生活体验出发，努力营造一个利于学生身心发展的，充满情趣的生态场，构造出优良和谐的习作生态环境。整个作文教学中，教师要努力让学生处于一种有情有趣的学习状态，同时，教师要让"情趣"成为一种常态，从而使学生产生积极的情感体验和学习志趣，最终达到提高作文质量与教学效率，从根本上提高学生的写作素养。

（三）珍视童心，做"真"作文

儿童的世界是一个奇妙而梦幻的世界，一个充满灵性的天地。他们按照自己的价值观念和游戏规则生活着，有着与成人完全不同的快乐、哀愁。千万不要用成人的思维方式与价值观念衡量孩子、束缚孩子。刘老师借我的理想《我要变成一只狗》《我是一只跑得很快的霸王龙》等学生作文告诉我们珍视童心、童真，才能带领学生"真"作文。

二、形神兼备，"五位一体"

俗话说教无定法，但好的教学模式依然是老师们从事教学工作的有力支持，从刘主任的作文指导示范课及其关于作文情趣态教学模式研究的报告中，我清晰地感受到"情趣态作文"教学的整个流程，从定标、用材、互动、习法和媒体五方面梳理出情趣态作文教学的清晰脉络，感受到它浑然一体，形神兼备的艺术魅力。

（一）定标

1. 定标即设定教学目标。定标首先要准确把握年级要求。

刘主任以人教版五年级下册第四单元《一件令人感动的事》为例证告诉我们过高或过低的要求都会让学生失去学习兴趣这一规律性。

2. 确定教学目标还要重视"积极向上"。

我们确定教学目标还要重视"积极向上"，上滋养学生生命的作文课。

情趣的生态课堂，教师除了关注知识的学习，能力的形成外，更关注每个生命个体在生态场中情感兴趣、意志品质、态度价值观诸方面的发展与形成。情趣态作文教学会更集中地反映新课程的"三维目标"要求，围绕学生健康、和谐、快乐、幸福地学习和成长这一主旨设计教学。从教学内容的选择，到教学资源的整合，再到教学方法的运用，均注意将情感目标植入其中，将激趣、激情融入教学，使学生知识得到丰盈的同时，人格得到塑造，心灵得到浸润。

（二）选材

作文选材是我们熟悉的一个作文课堂教学环节，选用材料指的是教师教学中所选用的各种例文、范文。刘主任从两方面对选材环节做了具体阐述：1. 选用材料要聚焦目标，要为更好地落实目标服务；2. 选用贴近学生生活，具有情趣的材料。在刘主任的作文教学示范课上，当堂训练学生写《一件让我感动的事》，刘主任以《被角》为例文做指导，当堂感动的孩子们热泪盈眶，观摩的老师们也都心潮起伏，为《被角》中的人物行为、品格深深感染。从这里我发现要想做好选材环节，老师一定要备足课即有充分的、大量的阅读积累，才能做到材料的广纳优选，联想自己日常的作文教学，选材这个环节远远做得不够，课前只想着要选一篇让学生感动的文章，但没有充分地大量地去阅读，做不到广纳，何谈优选？这是我今后作文教学中第一要改进的方面，那就是备课不能只停留在想到，一定要做到，而且要做足，只有充分的备课才会有精彩的授课。

（三）互动

教学中的互动具有耦合性。而且互动中师生、生生彼此影响愈强烈，耦合就越强，学生学习积极性就越强，就越利于学生认识水平及各种素质的发展与提高。刘主任以作文教学中指导学生《演哑剧》活动作文为例，告诉我们要做好互动环节，教师首先应该做到创造性地教学，不断变化教学，教学方式要多样化，教学设计要新异化，让学生远离平衡态，总能和教师间保持强烈的耦合。其次教师要尽量营造民主，和谐的课堂气氛，多组织学生在一起讨论、探究、操作、表演……增强学生间，学生与课程间耦合的强度。耦合强，学生兴致盎然，作文课堂效率自然提高。

（四）习法

情趣态作文教学强调摒弃硬指导、无指导、空指导，倡导软性指导，习法中要让学生"穿越"，而不要"跨越"。从刘主任的讲座中我理解到软性指导有三个特点：1. 指导贴近学生发展水平，注意结合习作实际；2. 指导重视边导边练，经历指导过程；3. 指导重视鼓励，宽容失误。并明晰了教习写法要让学生"穿越"，而不要"跨越"。刘主任讲，我们教学的过程就好像带着学生去"穿越"丛林。也许在穿越过程中会遇到很多困难，遇到很多问题。但老师要帮助并引导学生踏过荆棘，翻越沟壑，趟过溪流……真正经历这个磨难的过程，也就是经历了学习中由不懂到懂，由不会到会的过程，当我们到达目的地时，学生们既获取了知识，又获得了巨大的成就感。其具体步骤为：学生佳作宣读——探讨佳作优点——学生病文宣读——讨论病文升格——习得表达方法。

（五）媒体

中央电视台的《百家讲坛》节目深受观众欢迎，其原因除了讲课的教授、学者所讲的内容吸引观众之外，还有一点更重要的就是节目策划编导认真研究了观众保持注意力的时间大约只有 8 分钟，所以在每播放 8 分钟左右时，便播出一段与所讲内容相关的问题式片花或介绍，从而调节观众的注意力。刘主任用生动的教学案例告诉我们，课堂教学也应该这样。那么要吸引学生不断的无意识注意就要合理巧妙地运用媒体，用好媒体要做到以下四点：1. 小学课堂教学的媒体要"美"。2. 小学课堂教学的媒体要"简"。3. 小学课堂教学的媒体要"实"。4. 小学课堂教学的媒体要"趣"。并以一位老师讲《乌鸦喝水》，自制了一个布偶为例说明传统媒体有时优于现代媒体这个容易被我们忽略的细节。

什么是作文，传统意义上，我们把作文当成一种工具，所有理念考量方面的研究几乎都是纯理性的，这对于我们一线语文老师来说仿佛遥不可及，但在作文教学中我们面临着诸多困惑，亟待解决，教学理念不鲜明、教学方法不系统、教学结构不完善、学生对作文不感兴趣等问题……这些问题困扰着我们的作文教学。刘主任的情趣态作文教学体系的学习，为我的作文教学工作打开了一扇窗，让我看到了今后作文教学的希望：把作文看作是一种生命的本能，用心帮孩子们营造作文的情趣场，让孩子们爱上自己这个与生俱来的想表达、爱表达、会表达的本能，并充分地发挥出来，写日记、写作文、写随笔，以文字的形式留下生命的足迹。

参考文献：

中华人民共和国教育部 . 语文课程标准［M］. 北京：北京师范大学出版社，2011.

第二章　学生管理

学生管理，捋顺课堂促教学

课堂作为实现教育目的，完成教学任务的载体和场所，在教育教学中起着重要的作用。课堂管理的好坏，直接决定着教学任务能否顺利实施，学生是否得到全面发展。课堂管理是教育教学的前提和保证，没有好的课堂管理，一切教育教学计划都会落空。

一、什么是课堂管理

课堂是由教师、学生、教学内容和教学方法这四个要素构成的一个有机系统。这四个要素相互交织着并形成各种关系。管理是对课堂教学的各个环节进行计划、决策、组织、指挥、监督和调节，其目的是建立良好的学习环境，保证教学任务的实施，促进学生积极参与教学活动，以取得优良的成绩。所谓课堂管理就是指教师通过协调、控制、整合这些教学要素及其关系，使之形成一个有序的整体，从而有效地实现预定教学目标的过程。关于课堂管理，中外学者并未形成统一明确的定义。

二、课堂管理的发展进程

随着学校教育的出现，教育的先行者们在研究与分析其他教育问题时，表达了他们朴素的课堂管理经验，而班级授课制的出现，课堂才开始真正进入人们的研究视野，于是有了对它的原始的研究。相关材料显示，20世纪60年代，课堂管理问题研究成为了一个专门的研究领域，并逐渐受到学术界的关注。它主要以教学论、教育社会学、教育心理学、社会心理学、管理学的研究成果为基础，以课堂管理对课堂教学的意义、课堂管理的理论模式、实施途径与策略等作为其主要内容。

（一）国外课堂管理理论

笔者查阅相关资料，梳理出国外课堂管理大致有三种取向。

1. 行为主义方法取向

以行为主义理论为基础，强调教师在课堂管理中的任务就是设置教学情境，善用奖惩，帮助学生遵守规范避免违规行为。典型的行为主义取向的课堂管理模式有斯金纳模式和坎特模式。斯金纳模式又称为矫正模式。他认为人的行为本质是对环境刺激做出反应，行为能否得以维持，取决于后果。在课堂管理中，教师要想使学生在课堂中表现出适宜的行为，就必须奖励和强化适宜的行为，忽视学生的不良行为。坎特模式又被称为果断纪律模式，他主张教师负有课堂管理的责任，教师应该明确果断地告诉学生，哪些行为可以接受，哪些行为是不能接受的。时时重复自己的要求，不要升格为训斥。

2. 人本主义取向

与行为主义不同，人本主义取向的课堂管理者认为，学生有自己的决策能力，他们可以对控制自己的行为负主要责任。在课堂管理中，教师不应该要求学生百依百顺，而是应该关注学生的需要、情感和主动精神，向学生提供最好的机会去发掘归属感、成就感和积极的自我认同，以此来维持一种积极的课堂环境；出现问题行为时，教师应更多地运用沟通技能，引导学生分析问题的性质和后果，自己把问题解决。典型的人本主义取向的课堂管理模式有格拉塞模式和德雷克斯模式。格拉塞模式又称现实疗法，它强调学生的责任。这一理论认为认同的需要是学生行为的动力，学生的违规行为是未能获得成功认同的结果。德雷克斯理论主要目的在于教育学生对自身行为负责任，侧重的是学生需要和自我约束。

3. 教师效能取向

与行为主义和人本主义取向的课堂管理观不同，教师效能取向的课堂管理模式关注的是教师课堂管理技能的提高。持这一取向的研究者认为，课堂管理主要取决于教师的管理技能；强调教师对学生问题行为的预防干预而非事后控制，代表人物是库宁。库宁理论更加注重群体的整体特征，它侧重于预防性教育常规和团队管理技术。

随着时代的发展，科技的进步，教育理念的深入研究，上述三种研究呈现出扩展深化，相互整合的趋势。美国学者弗农·琼斯和路易斯·琼斯的《课堂管理》一书以大量的研究材料作支撑，系统地探讨了课堂管理的有关问题。另一位美国学者在《健康课堂管理》一书中系统地介绍了有效课堂管理的策略和管理技巧。另有国外学者对教师的人格特征和学生心理能力发展及学习成绩之间的关系有了一定研究。

（二）国内课堂管理研究

对"教师课堂管理行为"的研究在国内有很多，但绝大多数限于技术层面的分析与策略研究。比较典型的是我国学者李保强《教师课堂管理的结构性指标分析》，他从基础性指标、关键性指标、核心性指标和保障性指标四个方面阐述了教师课堂管理的参数。上海师范大学张璐则从教学投入的角度，阐述了影响教学效率的四大变量，其中激励和时间两大变量就涉及课堂管理的问题。

由于长期受凯洛夫《教学论》的影响，国内教学论著始终把关注点集中在教学任务、教学过程、教学方法等方面，而忽略了课堂管理对教学的重要意义，一系列教育论著中也缺少对课堂管理系统专业的论述。虽然有些篇章涉及课堂管理，但也是作为课堂教学的绿叶而非主角。综观我国课堂管理的研究存在以下问题：理论研究方面介绍外国的多，自己独立研究的少；理论建构多，实证研究少。由此可见，课堂管理领域的相关研究是一个有待教育工作者用心耕耘的沃土。

三、课堂上出现的问题及解决策略

教育学博士陈自鹏主任在论述高效教学方法的文章《重视四法研究》一文中提到高效教学研究涉及教法、学法、管法和考法研究。其中，管法即指课堂管理的方法。我们要思考的问题是，课堂需要管什么？陈主任在文中指出："课堂第一需要管秩序，第二需要管气氛，第三需要管节奏，第四需要管效果。"

研究国内外课堂管理的理论我们从中获得了一些启示，那就是课堂管理由传统方式转变为现代课堂管理是必然趋势。传统课堂管理强调教师的权威和学生的服从。以教师为中心，快速向学生灌输知识，有其存在的优势与合理性。教师控制着整个课堂也规定着学生行为，如果发展至极端那就是"木头人游戏"，学生成了服从命令的木头人，不许说话、不许动、不许笑。这样的管理模式培养是所谓的"听话的好孩子"，学生的创造性、想象力无形之中被限制甚至是扼杀了。现代社会需要创新型人才，要求学习也要有创造性，而不仅仅是简单机械地重复性学习。为适应这一变化，课堂管理也要转变观念，成为教师激励、学生参与的现代课堂管理。

如何实现教师、知识和学生之间多元、多向、多层次的课堂系统的开放与互动，有效地解决课堂管理中存在的问题呢？

1. 增强管理意识，提高管理能力

美国教育社会心理学家班尼（M. A. Bony）通过实验得出结论"在教师从事的一切任务中，没有比管理技巧更为重要的了。"教师能否有效驾驭课堂，能否有效地管理好课堂，对课堂教学的成败至关重要。所以我们教师要多向书本学习，学习相关的专业知识和教育教学理论；多向同事学习，汲取管理经验和管理办法；多进行自我反思，提升自己的课堂管理实践能力。

2. 创设民主、融洽的教学环境

良好的课堂管理环境为教学目标的实现奠定不可或缺的物质基础，保证课堂活动的顺利进行，促进课堂管理的有效性和成功率。建立良好的课堂管理环境，其中最主要的是师生关系。和谐的师生关系能产生强大的推动力，促进师生一道共同努力去完成教学任务，达到教育目的。教育学研究表明：人在轻松自由的心理状态下才可能有丰富、自由的想象，创造思维中的灵感往往在紧张探索以后的松弛状态下才会出现。我们平时也常常有这样的体验，人在紧张、惊悸或不自在时，注意力无法集中，不能专心思考。在课堂教学中我们经常会遇到这种情况：因学生作业完成情况不好，教师上课前先把学生训斥一顿，自己出出气，然后再上课。学生确实坐得非常端正，课堂极其安静，但思维迟钝，发言不积极了，生怕自己回答错了再次惹怒老师。整节课就是沉闷，学生学得不积极、小心翼翼，老师的心情就更糟糕。相反，如果改变我们的态度，面带微笑，缩短老师与学生之间的距离，课堂气氛轻松了，孩子们的思维活跃，注意力集中，学习的积极性也就高涨起来，从而有更高的学习效果。

3. 学会巧妙地利用突发事件

案例一，在课堂教学中，有些突发事件表面上看干扰了课堂教学，破坏了课堂纪律，但只要我们善于动脑，合理利用，这些事件也能转变成积极的教学资源。

语文课上，老师让大家分组讨论，突然，两个同学讨论的声音越来越大，越来越激烈，大家都被他们的争吵声吸引去了。一个孩子气愤地喊着："刘老师，刚才他说我说的不对，还不许我说话。然后还用笔戳我的手。"说着说着，委屈的眼泪都下来了。老师一边安慰这个同学一边握起他的手："不哭不哭，不着急，戳到哪儿了?"同学指给她看，老师仔细看看，什么痕迹都没有，原来主要是这个同学觉得心里委屈，才哭了起来。这位语文老师没有立刻批评这两个同学，而是笑笑说："呵呵，两个小伙子讨论得很激烈啊。说明你们都有自己的想法，真正动脑筋思考了，以后很有可能会成为辩论高手啊! 但遇到问题不能靠武力或者是哭来解决啊，你们什么时候见过辩论选手们在讨论中哭起来的?"听了老师的话，很多同学都笑起来，这两个同学也不好意思地笑了起来。语文老师接着说道："像我们本课中的小鹰，在听到和自己观点不一致的话时，它没有生气甚至发脾气而是再接再厉，继续努力，飞得更高。"很快将学生又拉回了课堂中。所以，在课堂教学中，不可避免地会出现一些突发事件，如果我们处理得好，就可以将其转化为很好的教学资源，课堂的气氛不仅不会被影响，还会被积极地调动起来，课堂管理就更加有效。

有些突发事件确实会让教师处于窘境，要进行处理又会浪费时间，若置之不理又会使教师丧失威信、分散学生的注意力，在这种情况下，教师就可以运用幽默、风趣的语言来进行化解，既能显示教师宽怀大度，又能使自己摆脱困境，自然而轻松地缓解课堂的紧张气氛。

案例二，数学课上，数学老师正兴致勃勃地讲解"认识图形"。三角形、正方形、长方形、平行四边形……老师正认真地板书时，背后的全班同学哄堂大笑，原来一个调皮的学生画了一张"小猫脸"贴在了前排同学的头上。数学老师勃然大怒，拿过那张画想把它撕碎。突然发现，那张"小猫脸"就是用不同的图形组成的。数学老师灵机一动，举起那张画问大家："你们大家谁能看出这张'小猫脸'上都有哪些图形?"一石激起千层浪，同学们纷纷举起了自己的小手。那个捣乱的孩子更为自己的"杰作"沾沾自喜，踊跃回答。那节数学课，同学们不仅掌握了图形的特点，还学会了在现实生活中的运用，效果非常好。我们可以试想，如果那位数学老师把那张画撕掉，后果会怎样呢?

教师能否有效驾驭课堂，能否有效地管理好课堂，对课堂教学的成败至关重要。目前，在课堂管理中我们要不断探索现代课堂管理的新方法、新思路，对课堂进行有效的管理。只有这样，教学质量的提高才能得到真正落实；只有这样，才能构建出和谐生长，民主平等，灵活互动的课堂。在实际教学应用中应该寻找适合自己并适合学生的管理方法。相信通过我们不懈地努力，最终都会找到行之有效的课堂管理方法。

总之，要做好课堂教学中学生的管理工作，教师不仅要提高对课堂管理重要性的认识，针对任教学科特点，增强自身学科素养，掌握管理艺术，更要学会尊重学生，从学生的自主发展出发，设计教学，组织教学，才能高效完成教学任务，促进学生健康发展。

参考文献：

[1] 黄莺 . 浅析人本主义理念在当前教育改革中的借鉴价值 [J].山西师范大学学报，2010（5）：10.

[2] 陈时见 . 课堂管理论 [M] . 桂林：广西师范大学出版社，2002.

有效交流，扫清发展中障碍

明代著名思想家王守仁在其《训蒙大意示教读刘伯颂等》中说："大抵童子之情，乐嬉游而惮拘检，如草木之始萌芽，舒畅之则条达，摧挠之则衰萎。今教童子，必使其趋向鼓舞，中心喜悦，则其进自不能已。"从这段话中，不难看出，我们的教育要遵循学生心理发展规律，使学生在其成长过程中始终伴随着身心愉悦，才能得到更好的发展与进步。

笔者任教四年级三班语文课时，多次与班主任走进学生家庭，与学生家长、学生就其在校表现及存在的问题，与家长和孩子面对面沟通交流，平等尊重的态度与真诚友爱的作风赢得了学生家长的信任，和家长、孩子一起面对问题、讨论问题、解决问题，共同为孩子健康成长铺路搭桥。

家访案例：

被访学生：赵逸　女　9岁　天铁第一小学四年级三班学生

出访人：　四年级三班班主任、学科老师、学校教务主任

家访时间：2019年11月16日

家访地点：天铁神山生活区赵逸家中

家访过程：

出访老师与学生、家长促膝长谈，就孩子平时在校表现及学习中存在的问题与家长沟通，家长、老师、学生面对面分析问题，沟通思想，老师针对孩子平时在校、在家学习表现提出了指导性意见，家长也对学校提出殷切希望及诚恳要求。双方就孩子今后学习中应注意的问题与努力方向达成共识。

案例情况分析：

学生存在问题。1. 课堂纪律差，老师讲课时接老师话茬，引起同学间脱离主题的讨论，干扰老师正常授课进度。2. 长期坐姿不正确，上课时趴桌子、跷腿，经常因为推桌子、挪椅子，与前后座位的同学发生冲突，影响课堂纪律，受到老师批评。3. 作业质量差，家庭作业只满足于完成而少关注对错，作业错误率高。

问题成因分析：内因，该生性格活泼，善言谈、喜表现、自尊心强，有学习主动性但是缺乏自律意识，加之父母亲离异，随母亲再婚，家庭变故给孩子心理带来微妙变化，缺乏安全感、自尊心、自信心，渴望得到老师和同学们关注；外因，母亲对孩子学习关注不够，给孩子安排"小饭桌"老师负责看管完成作业，导致孩子作业疲于应付，只满足于完成而少关注对错，作业错误率高。

解决方法：通过老师与家长耐心沟通，家长意识到疏于管理照顾给孩子造成的心理伤害与学习退步，家长主动辞掉"小饭桌"，自己安排时间陪伴孩子，与孩子共同学习，给孩子增加安全感，提振学习信心。通过老师与学生交流，老师意识到孩子在课堂上缺乏自律、接老师话茬、坐姿不正确、推桌子拖椅子与前后座位同学发生冲突等问题时，被经常性的点名批评，这给孩子无意识间造成自尊心受挫。师生达成默契——出现问题时老师眼神提醒，学生自觉更正。

访后效果：

出访老师针对以上问题，结合孩子平时在校表现及期中学业测评成绩欠佳等具体情况与家长沟通，分析了出现以上问题的多方面原因，提出了切实可行的解决方案。学生、家长、老师三方就达成的共识，共同努力，经过半个多月的调整，该生有了很大进步，学习自觉性提高了，课堂纪律有了很大改善，最可喜的是师生关系、母女关系均得到极大改善。"眼神"交流拉近了师生心与心的距离，形成了师生之间的默契；

"陪伴"左右消弭了母女之间的隔阂，重新给孩子带来家庭的安全感。相信在学校老师与家长社会的共同努力下，该生会和其他孩子一样在美丽的校园健康苗壮地成长。

从以上案例中不难看出，家长、学生、老师之间的情感沟通的重要性。作为家访人之一，笔者在整个家访过程中，感触最深的是孩子和班主任老师的一段对话。

"老师，我有个请求。"

"孩子，你有什么想法尽管跟老师说。"

"我在课堂上管不住自己时，我想请您不要批评我，我课上管不住自己，犯错误多，您总点名批评我，我在同学面前没有面子，所以就更不想听您的话。"

"你在老师讲课时，推桌子、挪椅子，和前后位置的同学发生冲突，或者接老师话茬，打断了老师的讲课思路，老师点你名字是提醒你注意听讲啊！"

"老师，您可不可以在我犯错误时用眼神提醒我？您一发现我有违反课堂纪律的苗头，您就使劲儿看我一眼！"

"好啊，这真是个好办法，咱们达成一种默契！"

"嗯嗯，谢谢老师！"

"教育是一棵树摇动另一棵树，一颗心唤醒另一颗心。"从这段师生对话中，笔者看到的是师生之间的平等对话，老师对学生平等、尊重的对待，获得的是学生发自内心的反省和反思，以及发现自己的问题后认真对待，积极想办法解决的真诚。

为谁培养人？培养什么人？怎样培养人？是教育的永恒之问，也是教育的初心和使命。更是教育在任何时代，任何国家都必须担当的重任。坚守教育初心，担当立德树人使命，通过走进家庭，让家庭更加了解学校，让学校更加关注孩子；通过走进家庭，向家长汇报教育方针政策，汇报学生在班级中的点滴成长进步；通过走进家庭，帮家长解难题，倾听家长在教育管理子女和孩子成长中的困惑和问题，倾听学生在学习、交友等方面的问题，提出好的建议和意见；通过走进家庭，听取家长对学校和班级建设的建议，共同探讨家校共育策略，汲取群众智慧、开阔思路，改变作风、改进方法，提升教师素质，塑造教师形象，让心与心的交流成为常态，有助于促进师生平等，增进师生情感，其作用不可低估。

用心转化，教育聚焦问题生

在孩子的成长过程中，因为先天禀赋各异，父母启蒙教育及其身边环境的影响不同，孩子们会呈现出不同的生命状态，进入学校后，面对老师的课业要求以及学校的规章制度约束，不同孩子又会出现不同程度的发展问题。作为一名教育工作者最关注的人群应该是那些在成长过程中出现这样那样问题的学生，如学困、多动、厌学、违纪、心理障碍……我们把这样的学生称之为问题学生。骆烨的《问题学生》中指出："问题学生是指那些与同龄学生相比，由于受到家庭、社会、学校等方面的不良影响及自身存在有待改进的因素，从而导致在思想、认识、心理、行为、学习等方面偏离常态，需要在教师的帮助下才能解决问题的学生。"

一、问题生类型及形成原因

所谓问题生，因为形成原因的不同其表现形态也是多种多样，如主要表现为欺负同学、偷窃财物、顶撞师长、不服管教、混迹社会的品德缺失型；纪律意识淡薄、不遵守课堂纪律、集体活动不听指挥，有时还成心和老师对着干的纪律缺失型；上课不专心听讲、课下不认真写作业、平时不爱读书、学业成绩较差的学习困难型；主要表现为忧郁、退缩、无法集中注意力、多疑、自闭不与他人沟通、躁动、有攻击行为的心理障碍型……探究问题生形成原因，最显著的表现为家庭结构缺陷，教育方法不当，学习环境差而导致的问题孩子。还要注意因教师自身素质问题和极端的功利性而对学生采取的不当的教育行为导致的学生身心伤害，使学生产生自卑、退缩、厌学、紧张、焦虑、恐惧、抑郁等心理问题。

二、对问题生的干预措施

由于问题生的类型不同，成因不同，表现不同，所采取的教育方法也必然不同，只有适合学生的教育方法才是最好的方法。

1. 思想教育不可或缺

思想教育的方法是我们搞教育工作常用的方法之一。包括教师自我思想教育和对问题学生的思想教育。

教师自我思想教育，要纠正心理偏向，确立正确的教育观。教师对待问题生普遍存在一些错误的心理倾向，如首因效应心理偏向、晕轮效应心理偏向、眼光不变的定势心理偏向、厌弃的心理偏向、不准反复的永久心理偏向等。凡此种种心理偏向，给转化问题生工作增加了主观上的困难。做好问题生的转化工作，必须纠正教育者主观上存在的心理偏向，转变教育观念，即坚信教育的力量，相信每一个学生都具有无限发展的可能性。

孔子说："其身正，不令而从；其身不正，虽令不从。"在问题学生转化工作中，教师的模范作用不可忽视。作为教师要处处以身作则，坚持言传身教，要求学生做到的，自己必须首先做到；要求学生不做的，自己带头抵制，成为学生的表率。只有从自己做起，率先垂范，才能有力地说服学生，感染学生，才能起到良好的转化效果。

"亲其师信其道"。对学生的思想教育，重在思想情感的沟通交流。要动之以情、晓之以理、导之以行。动之以情，教师要了解学生的心理需求，通过思想教育、情感唤醒，使学生达到情感上的共鸣；晓之以理，讲明白道理，使学生明白学习的意义，坚定信念，树立理想，勤奋努力，勇于攀登；导之以行，要组织学生认真学习学校各项规章制度，明确要求，把握好行为准则。坚持依法治班，依法治学，给学生创造一个公平的氛围，保证每一个学生接受教育的过程公平、结果公平，帮助学生明确今后努力的方向，教给学生学习的方法，引导学生发扬优点，改正不足，积极进取，不断进步。批评也是教育学生常用的方法，是针对问题生的某种不良倾向和不良行为进行公开或不公开分析与评判。批评要有针对性，要摆事实、讲道理，批评应该适时、适地，把握好适度原则。同时，批评之后还要有建设性的建议，以达到导其行之目的。

2. 爱是教育的不二法门

教育家夏沔尊说："教育之没有情感，没有爱，如同池塘没有水一样。没有水，就不成其为池塘，没有爱就没有教育。"教育也正是因为有了爱，才伟大，才崇高，才神圣。热爱学生，既是教师最起码的职业道德，也是转化问题生的根本前提。因此，教师要关爱每一个学生，尤其是问题学生，需要老师更多的关心与关注。虽然问题生的问题和不足多于优点，但要扬长避短，以表扬为主，要善于发现他们身上的"闪光点"，用显微镜在他们的身上去找优点，用放大镜从他们失败中去找成绩，只要他们在发展中有微小的进步，都要给予肯定、表扬，让他们享受成功的喜悦，以期其在不断被认可肯定的良性循环中重塑自信，跟上其他同学成长的脚步。

案例举例：

宇玥玥同学父母离异，性格孤僻，在同学的眼里，处于被忽视的地位，这种"弃儿"的角色深深影响他的自尊自信，导致他对课堂学习和集体活动都不积极主动。如何运用角色转变策略改进问题学生的低动机、低期望，如何打破这种僵局？作为教育者要善于发掘孩子身上闪光点，抓住恰当时机让他们在合适的场合中成为主角，受到同学们关注，由此产生成就感，渐渐树立自信心。经过观察发现玥玥同学家离学校很近，到校时间早，班主任就安排他带钥匙，让他负责教室开门锁门的工作，老师的信任让宇玥玥很受鼓舞，每天按时到校开门，最后一个离开教室锁门，一段时间下来玥玥同学不但很自然改掉了迟到的毛病，而且在老师的指导下学会了合理利用时间，学习成绩也有了一定程度的提高。

活动是培养学生创新精神和实践能力的重要途径。有意识让问题生参与到各项活动中来，让他们有机会为活动的开展出谋划策；有机会在活动中展示才能，使他们感觉到自己在集体中的存在，感受到周围师生对自己的关注与肯定，有利于问题学生再次融入集体，自然接受集体力量的影响和制约。同时，丰富多彩的活动也有利于把问题生已经转移的精力牵引到勤奋学习、踏实做事这条发展的道路上来。在学校举行的背诵课文大赛中，语文老师又抓住这一契机利用玥玥嗓门大的特点，背诵时让他给同学们起头儿，虽然只是几句话，但从活动前期准备到正式比赛，可以明显感受到他在全身心投入其中。最后，他不仅自己没有掉队，还为班集体做出了贡献。

教学的艺术不在于传授，而在于激励、唤醒和鼓舞。老师的这些做法就是为了让问题生走进同学们的视线，得到同学们的关注，唤起同伴信任，唤醒自我意识。

3. 沟通是处理问题的最佳途径

苏霍姆林斯基说过："教育的效果取决于学校和家庭的一致性，如果没有这种一致性，学校的教育就会像纸做的房子一样塌下来。"重视与家长沟通，家校联手问题生教育是成功转化问题生的又一重要环节。

家长是孩子的第一任老师，身教重于言教。若父母督促孩子要努力学习，而自己却常常通宵达旦地打麻将，那么孩子感兴趣的恐怕不是如何搞好学习，而是如何玩好牌，学习的恐怕不是科学知识而是玩牌窍门了；若父母饭后捧一本书，伴一杯清茶，端坐书桌前，伏案写作，孩子耳濡目染，也会经常看书、学习。由此可知，家长有意识地创立有利于学习兴趣培养的外部环境至关重要。因此，我们应想方设法与家长沟通，达成教育的一致性。多做家访，汇报学生在校的进步表现，让家长看到孩子成长的希望，调动家长与教师在管理上密切配合的积极性，增强家长对孩子的约束力，使孩子走上健康成长之路。同时帮助引导家长提升学习意识，自律意识，为孩子创立有利于学习兴趣培养的外部环境。除此之外，发挥优秀家长榜样力量，以宣传优秀家长来促进问题生家长的进步。发动优秀学生的家长配合制作家庭文化建设短片，宣传家庭文化建设方法，介绍成功的家教经验，引导更多的家庭加强家庭文化建设，优化家庭育人环境，把孩子引向快乐学习、健康成长之路。

此外，在问题生教育过程中，班主任与各科任老师的及时沟通也不容忽视。转化问题生非一人之力所能为，班主任要联合科任教师一起研究问题生的转化方法，制定问题生转化方案，及时沟通问题生转化过程中反复出现的老问题和突发出现的新问题，以期及时修正工作方案，大家齐心协力，齐抓共管，促成问题生的积极进步。

美国教育心理学家吉诺特博士曾经说过："在经历了若干年教师工作之后，我得到了一个令人惶恐的结论：教学的成功和失败，我是决定性因素。我个人采用的方法和每天的情绪，是造成学习氛围和情景的主因。身为老师，我具有极大的力量，能让孩子们活得愉快或者悲惨，我可以是制造痛苦的工具，也可以是启发灵感的媒介，我能让人丢脸，也能让人开心，能伤人，也可以救人。无论在任何情况下，一场危机的恶化或解除，儿童是否受到感化，全部决定于我。"足见教师在学生成长中的影响之大。作为教师，只要我们心中装着学生，关注每一个学生，采取适切灵活的方法，问题生这一教育难题就会迎刃而解。

参考文献：

［1］骆烨. 问题学生［Z］. 古榕树下，2008.

［2］苏霍姆林斯基. 给教师的建议［M］. 北京：教育科学出版社，1984.

［3］海姆·G. 吉诺特. 老师怎么和学生说话［M］. 冯杨，周呈奇，译. 海南：海南出版社，2005.

家庭影响，助力学困生转化

智力水平正常，没有感官障碍，但学习成绩明显低于同年级学生，不能达到预期学习目的的学生被定义为学困生。学困生转化是教师教育教学工作的难点。要做学困生的转化首先得明确学困生的成因。学生的先天素质，以及社会、家庭、学校等后天环境条件的影响，都是造成学生学习困难的潜在因素。成因不同，学困生类型也不同。作为一名一线教师，笔者对天铁集团第一小学六年级学困生的成因、转化策略及转化过程进行调查，本文着重从家庭影响在学困生转化中的作用这一方面进行分析，力图对同行有所启示。

一、研究对象的筛选

范围确定：天铁一小六年级全体学生（131人）

筛选步骤:

步骤一:对照天铁一小六年级全体学生(18—19)学年度第一学期(四年级第一学期)语文、数学、英语三科期末考试成绩进行筛选,其中16名学生出现一科或多科目成绩低于75分。

步骤二:通过以上16名学生四个学期(自四年级第一学期到五年级第二学期)的期末语文、数学、英语三科考试成绩折线统计图进行对照分析,发现其中12名学生成绩提高幅度较大。

步骤三:围绕学习态度、学习习惯、学习效果,对以上12名学生进行一次调查问卷,并对问卷各项结果归纳分析。

步骤四:通过教师座谈、走访家长等多渠道了解以上12名学生学习情况,收集成功转化案例。筛选出10名转化过程清晰、转化效果明显的学生作为研究对象。

二、学困生成因及转化策略分析

原因分析:

10名研究对象的基本材料显示,单亲家庭是造成学生学习困难的一个重要原因。父母离异,各组家庭,无暇顾及孩子的学习,更忽略孩子在时间上和情感上对父母的依赖,造成孩子心灵孤单无助,甚至自卑;隔辈教育松散无序,祖父母或者外祖父母溺爱、关爱多,关"心"少,服务多,管理少,在孩子的成长过程中,重视的是孩子的身体需要,忽略了孩子的心灵需要,使孩子发展缺乏规划,没有方向,再加上一味地迁就、放任,导致孩子意志薄弱,诸多不良习惯有了滋养的温床。但是,非单亲家庭父母教育观念不正确,家长不当评价、过高期望、盲目攀比的心理以及缺乏有效的教育手段更是形成学生学习信心缺失的主要原因。

转化策略:

由于家庭影响造成的学困生,首要任务是转化家长。因此,积极与家长沟通交流教育手段，正面引导家长客观公正看待孩子的学习，是学困生转化过程中第一环节。

1. 和家长一起帮孩子找准关注的焦点

一般情况下，父母常把关注焦点放在孩子的学习成绩上：如考试考了多少分？在班上排名多少名？这样的做法就是在暗示孩子：你做的所有学习，都是为了取得这些外在的肯定，殊不知，成绩总有高低，排名总有前后，这样的关注给予孩子的是失败感，久而久之，就会丧失信心。

如果父母能正确引导孩子把关注焦点放在学习的成就感上，孩子的学习感受就会截然不同了。家长的具体做法是：首先自己不把孩子的成绩跟别人比，同时引导孩子不跟别人比成绩而是比进步，肯定孩子每天多学了一些知识，每天都和同学们一样在进步。这样孩子可以在获得知识的同时获得成就感，体会到学习的快乐，树立起学习的自信心。

2. 和家长一起培养孩子的学习弹性

相关资料显示，要让孩子永葆学习的热忱，除了让孩子真心喜欢上学习之外，还有一个很重要的能力需要培养，就是"学习弹性"。

所谓的"学习弹性"指的是，一个人处理压力，面对挫折和接受挑战的能力。具有学习弹性的孩子，能有效地处理学习挫折，不良成绩，负面评价以及学习压力。

心理学的研究发现，遇到挫折时，负面消极的想法，会使人压力倍增，容易半途而废；而正面积极的念头，则会让人拥有极佳的抗压及抗挫能力。

例如，孩子上课不能正确回答老师的提问，负面消极的想法会是"我真笨！"而正面积极的念头是："听听其他同学的答案，把这个问题弄懂。"成绩没有其他同学好时，孩子负面消极的归因会是："别的同学都比我聪明。"而正面积极的念头则应该是："我还没找到最有效学习这部分知识的方法。"

因此，当孩子在学习上遇到困难时，父母应该帮助他学会做乐观正面的思考，培养其学习弹性。

学习弹性的培养，首先应着重关注孩子看待挫折的态度，细心观察孩子的价值取向，引导孩子做正面、积极的思考，就能帮助他提高学习弹性。

家长掌握了教育孩子的方式，对待孩子就会更加理智与科学，不再只是一味抱怨与批评。关注孩子的内心需求，带着长辈的宽容与关爱，带着朋友的理解与尊重，才能走进孩子的世界，和孩子一起成长。

三、效果评价与分析

结合学校对六年级各科期末教学质量分析资料，笔者对 10 名研究对象四个学期（四年级第一学期至五年级第二学期）的期末成绩折线图进行了详细分析，并将四年级第一学期期末成绩与五年级第二学期期末成绩列表比对。三个学科两学期成绩对照表显示，学生在老师、家长正确引导下，经过两年时间的努力，学习成绩有了明显进步，尽管个别学科有成绩起伏或者回落，但从整体成绩来看是在不断进步，并且提高幅度很大。

实践证明，作为一名一线教师，不仅要在自己的教育教学工作中关心学困生，更要认真分析其成因，关注家庭影响在学困生转化中的作用。相信，通过各科教师与家长的用心培养和学生自身的努力，学困生都能走出自卑的阴影，充满信心地生活和学习。对学困生不忽视、不轻视、不歧视，让每一个学生都能快乐学习，健康成长，这是我们做教师的使命，也是做教师的幸福源泉。

参考文献：

陈自鹏.教师的"三生有幸"[J].天津教育，2011（9）：27-28.

第三章　学校管理

重视阅读，孩子世界更丰盈

苏霍姆林斯基《给教师的建议》中提出："学生的智力发展取决于良好的阅读能力。一个人在少年时期和青年时期读过哪些书，书籍对他意味着什么，这点决定他的精神丰富性，决定着他对生活目的的认识和体验。"可见阅读对于学生一生的发展有何等重要的作用。《语文课程标准》也指出：语文教学应该培养学生广泛的阅读兴趣，扩大阅读面，增加阅读量。并提出初中阶段不少于 260 万字的课外阅读总量，每学年阅读两三部名著，以达到"具有独立阅读的能力，注重情感体验，有较丰富的积累，形成良好的语感，学会多种阅读方法，发展个性，丰富自己的精神世界"的目标，阅读对于学生语文能力发展的重要性不言而喻。如果语文课能让学生生出翅膀，那么一翼是精彩的语文课本，另一翼一定是丰富多彩的课外阅读，孩子们只有两翼齐全才能自由翱翔在语文的天空。为此，结合教委鼓励学生阅读，开设阅读课的大好契机和学校实际，我们将语文课、阅读课和校本课程有机结合；将培养学生良好的阅读习惯和能力与不断提高教师的专业素养和文化品位相结合；将营造书香班级、书香校园和书香家庭相结合，积极开展阅读活动，具体做法如下。

一、拟订读书计划

计划是行动的先导。学期伊始，学生需要读哪些书目，老师需要丰富哪些内容，建议家长读些什么，作为学校都会早思考、早计划。尤其是学生阅读，开学之初，要求老师要与学生共同商讨，哪一阶段读哪些书，达到什么要求，采用什么方式，每阶段结束，将举办系列读书检查活动，让学生心中明白，并形成读书计划。教师在执行阶段还要经常了解学生的阅读情况，对学困生更要积极鼓励他们广泛阅读。学校结合实际把语文课本、国学经典和自己开发的校本课程三者有机结合；把语文课、阅读课和学校坚持开展的"写一手好字，读几本好书"活动三者有机结合；把提高语文综合素养、培养良好兴趣爱好和陶冶情操净化心灵三者有机结合，通过浏览、朗读、诵读、精读、品读、评读等多种方式把阅读活动落实到位。我们还注重发挥教师的引领作用，鼓励广大教师多读书，如我们始终坚持每月定期进行教师政治理论和业务学习，并精心编辑了教师论文专著《缤纷思绪》；并由校长带头鼓励广大教师开设博客，利用网络丰富阅读。同时，我们也注重发挥阅读的辐射作用，提倡家庭阅读，鼓励家长和学生一起阅读，相互交流。我们积极向家长推荐陈鹤琴《家庭教育》、周弘《赏识教育》等著作，提高家庭教育的水平。

二、创设读书氛围

调查发现，许多同学不是不爱读书，而是缺少一个读书的氛围。学校积极为学生们创设良好的读书氛围。

（一）环境熏陶

学校、班级利用走廊墙壁，张贴有关读书的名人名言，挂上"书籍是人类进步的阶梯"等条幅，使每一个学生走进校园，来到教室就能感受到读书学习的氛围；学校图书馆、阅览室对学生开放，设专人为方便借阅服务；班级设立图书角，墙报栏里开设读书心得交流等，营造读书氛围。

（二）时间保证

搞好阅读活动，时间要得到保证。一是确保阅读课时间，每学期必须由语文老师负责到阅览室为学生借阅图书。二是每天开辟出一定的读书时间，如早读，午读，安排为读书时间，以读必读书目为主，这时，老师应放下手头繁忙的工作和学生一起读书。花时间不多，但坚持做下来，学生的收益却是巨大的；良好的氛围一旦形成，学生就会自觉养成读书的习惯。

（三）教师带动

教师是学生的榜样，开展好阅读活动离不开教师的榜样作用，为此我们严格规定学生阅读的时间教师必须阅读，每学期写 1 万字读书笔记。同时鼓励老师多与学生交流阅读体会，多写下水文，多询问关心学生的阅读情况，努力成为学生的笔友、文友。

三、加强读书指导

"学而不思则罔，思而不学则殆。"有思考的读书，才会提高读书质量。所以教师应该教给学生阅读的方法，才会取得事半功倍的效果。教师应当充分利用语文课堂教学或校本课程开设读书指导课，告诉学生怎样读书，如浏览和抓要旨相结合，做摘录和卡片，做旁注和批画，写读书心得，与同龄人交流感受，讲述书中故事……当然，我们还要尊重学生的个体差异，不需强求统一，要让学生用自己喜欢的方式阅读。让学生在自我阅读中感悟作者的思想感情，与作者心灵交汇，产生共鸣，读书的能力自然会逐步形成。

四、开展读书活动

"如果一个人渴望读书，阅读的时刻给他带来快乐，那么所读的东西就会深刻地印在他的意识里，精神高涨的状态，研读书籍时的喜悦——这些是一个强大的杠杆，用它能把大块的知识高举起来，与书籍成为好朋友，品尽读书之乐。"可见兴趣是最好的教师，教师只有带领学生开展丰富多彩，喜闻乐见的读书活动，把每一个学生吸引进来，让他们真心悦纳书籍，与书籍成为好朋友，才能品尽读书之乐。基于此，学校开展了课文背诵比赛、国学经典诵读比赛、演讲比赛、写作比赛等多种形式的读书活动，检验和督促学生读书。形式活泼多样的读书活动能有效地检查学生的阅读情况，让学生享受到读书的快乐。

"书是一扇沉重的门，它垂青于每一个敲门者。它敞开的门扉里，是一口掏不完的井，是一座掘不尽的矿。"学生一旦进入书的世界，一旦养成读书的习惯，那他将会受益终生。而每一位语文教师在读书活动中既是一位引领者，又何尝不是一位受益者呢？学生读的书多了，"厚积而薄发"，他们的写作水平也会随之提高；更重要的是读书可以帮助学生构建充实而高尚的精神世界，塑造健全的人格，净化心灵空间，丰富思想感情，培养创新精神。诗人说，在书香里跳跃的人生，一定是智慧的人生；在书香里浸润的生活，一定是美丽的生活。重视阅读，孩子们的精神世界更丰盈！为了让书香浸润每一位学生的心灵，让我们每一位教师都成为开展课外阅读活动的践行者，努力营造我校书香校园的浓厚读书氛围，为学生健康成长保驾护航。

参考文献：

苏霍姆林斯基．给教师的建议［M］．北京：教育科学出版社，1984．

文化革新，认知实践与探索

今天的学校文化建设，已经完全超越 20 世纪 90 年代关于"校园文化"的理解，成为"学校发展"的同义语。中国传统文化源远流长，几千年的传承延续着我们的华夏文明，学校文化也以其特有的方式，总结着过去，影响着未来。显然，从学校发展的角度出发，在传承传统学校文化的同时，文化的革新也就成为我们应该研究而且必须研究并不断付诸实践的重要课题。

一、学校文化，历史传承是革新的前提

学访期间，我们有幸到南京夫子庙小学参观学习，"文化夫小"的形象深深留在了我心里。解读夫小文化形成的历史过程，从"知止后定、返本开新"的文化运思到"择善而从、思行结合"的文化建构；从"亲仁尚礼、志学善艺"的文化脉络到"切问近思、和而不同"的文化自觉，一代代夫小人的努力探索，成就了今天以孔子教育思想为特色的夫小文化。学校开展的"星星论语课程群"活动更是颇具传统特色，自觉传承着我们中华民族延续千年的尚礼教育，是夫小文化理念的形象诠释。由此我们不难理解，学校文化的革新应该首先以传承为前提条件，离开对历史传统的传承，学校文化的发展也就成了无本之木，无源之水。

二、学校文化，教师发展是革新的主题

清华大学校长梅贻琦在他的就职演讲中说过这样一句至理名言："所谓大学者，非谓有大楼之谓也，有大师之谓也。"梅贻琦上任后，积极延揽人才，在十年间使清华大学这所当时虽有名气但无学术地位的学校一举跻身国内一流、国际知名大学之列，也由此奠定了清华大学的文化风格，影响至今。

的确，办好一所学校，受诸多因素影响，而其中最具决定性的因素无疑应该是教师。学校的办学理念，是通过教师具体的教育行为和态度，传递给每一个学生，作用于学生的成长；教师的学识、能力、情感态度、志趣爱好、人格修养决定着教育的品质。由此不难理解，学校要生存发展，首先要重视教师的发展；学校文化的革新，教师队伍培养是其主要内容、中心主题。

三、学校文化，制度引领是革新的航标

俗语云"没有规矩不能成方圆"。教师队伍培养是学校文化建设的中心工作，而教师的专业发展，每一项工作都离不开规章制度的制约和引领。作为学校文化建设的领航人，学校管理者首先要做好制度设计，学校要有给教师提供专业支持、激励他们主动成长的平台和机制，使有发展意愿的教师都能有发展机会；有能力、有特长的教师，其才能都得到展示和认可。名师成长机制的构建，就是为了创造一种激发教师内驱力的文化氛围，让教师在氛围的感召下、集体的支持下找到专业自觉，走上自主、自发的成长道路。同时，这样的机制也意味着，成为名师，不再是少数教师的专利，而是有一条符合成长规律的参照路径，教师只要有发展的意愿，只要付出一定的努力，就会获得成功的体验。显而易见，学校文化的革新，要求管理者探寻这样一条教师成长的共生机制，

启发教师做"明白"的教师，洞悉专业成长的诀窍和职业生活的意义。有了这样的机制，优秀的教师队伍才能形成，学校文化才能得到不断地发展。

四、学校文化，创新思维是革新的灵魂

随文识字即在语言环境中识字，是对生字、生词在特定的语言环境中的感知、理解和掌握运用。既然有语言环境，就能利用上下文理解字义。让语境发挥作用，帮助学生深刻的理解，引导思维的清晰与表达的条理。李艳霞名师工作室成员陈旭老师在教学小学人教版四年级下册《记金华的双龙洞》中的"蜿蜒"一词时很好地利用随文识字的方法，在识记理解过程中培养学生创新思维。随文识字的方法可以使学生对字义的理解更加透彻。授课过程中陈老师首先引导学生的思维指向关键句（"当然是蜿蜒在洞顶的双龙，一条黄龙，一条青龙"）。然后聚焦重点词语（"龙"）。它弯曲盘旋的特点使"蜿蜒"一词词义明朗。学生的思维在经历聚合的过程中越来越清晰，如果不继续追问思维活动的过程，重结果轻过程，就会导致学生表达能力差，影响写作等学习活动。陈老师关注教学中学生把隐形的思维行为转化成清晰的语言表达，使思维更加流畅、有条理，既加深了学生对字词的理解，体会重要词语在具体语言环境中的意义及表达效果，又培养了语言表达能力，使思维能力得到潜移默化地提高，实现了以思维发展提升为经线，读——思——说（写）为纬线，共同铺就交叉衔接的语文核心素养之路，只有这样，才能真正将思维能力的培养落到实处。这样，通过多角度的逻辑思维训练，不仅发散了学生的思维，更主要的是激发了学生的求知欲望，有效地培养了学生的思维能力。长此以往，学生的观察能力、思维能力以及分析问题、鉴别问题、解决问题的能力也必定会不断得到提高，而这些综合能力的提高，将使学生更加乐于学习、善于思考，也更有利于培养

学生良好的学习品质，树立良好学风。

案例中陈旭老师看似不经意的教学设计所需要的恰恰是教师不拘一格，敢于创新的精神。教师的创新精神从哪里来？源于我们的各项规章制度的引领，源于学校文化大力肯定创新、鼓励创新的文化氛围。学校文化是个不断变革发展的动态系统，重视创新能力的培养，才能不断给这个动态系统注入活力，实现良性循环，可以毫不夸张地说，创新思维是学校文化的灵魂，创新思维更是学校文化革新与发展的灵魂。

四、学校文化，多元评价是革新的良好氛围

教师成长，离不开学校文化这片沃土的滋养。教育家的成长，更是个人与学校环境文化、制度文化、精神文化和谐互动的结果，是学校集体智慧的结晶。在教师成长过程中，学校文化给予教师的正确、多元、积极的评价与培养其创新精神密不可分。

曾经接触到这样一节评优课案例：一位年轻语文老师在评优课上让学生用"种"进行扩展练习，说出一句话。学生说了很多句子："农民伯伯在田野里种花生。""妈妈在山坡上种玉米。""我和姐姐在花园里种花。"……

这时，一个学生说："老师，可不可以说种太阳？"其他学生哄堂大笑。

老师却耐心地询问："你为什么这样问呢？"

这名学生认真地说："不是有一首歌就叫《种太阳》吗？"

"好孩子，你说得一点儿没错。"老师带头为这个学生鼓掌，鼓励道："你能把这首歌唱给大家听吗？"

这名学生边唱边跳，快乐不言而喻，课堂气氛被带动起来。

随后，一个小女孩站起来说："孙中山种了中华民国。"课堂上立刻沸腾起来，学生们用探求的目光看着老师。老师高兴地把这个句子写在了黑板上，然后介绍了孙中山的事迹。小女孩激动不已，两腮绯红。孩子们似懂非懂，但在老师积极情绪的感染下，都面带笑容。那笑容，犹如一朵朵灿烂的鲜花。本来平淡的课堂，因为学生一个看似错误的答案而陡起波澜，面对"错误"，教师没有听而不闻，也没有拘泥于所谓的语法而妄加否定，而是给学生表达自我的机会。一个简单的处理，折射出教师的教育机智和对学生的尊重。当老师善于与"错误"美丽相遇，课堂精彩了，学生的思维活跃了，语言的表达也会更加丰富了，我们有什么理由不给这样的老师和课堂以积极肯定的评价呢！但是事实却是很多参评教师竟然否定了"种太阳"和"种中华民国"的说法，理由是：语法要规范，不能这样遣词造句，老师也不能一味地表扬，应该对学生出现的错误及时纠正。

从上面的案例反映出，评价作为学校文化的一部分，对于培养教师和学生的创新精神的重要意义。正是教师能够多元的评价教材、评价学生，才能有如此丰富多彩的课堂教学。同样道理，我们的学校评价也不应该用单一的标准来衡量一节课的成功与否。只有多元的、包容的、积极的评价才是对教师创造性工作的肯定。反之，缺乏发展意识、包容意识、鼓励意识的评价是对教师和学生创新品质的扼杀。

五、学校文化，办出特色是变革的出路

学校文化的发展与变革的出路是什么？作为一名天铁教师，联系我们天铁的学校文化发展，不禁心中暗喜，"办出特色"这一理念让我们天铁学校文化建设的脚步从来都走得从从容容。

小学阶段是孩子们感性认知世界，逐渐形成自己的是非观、道德观的关键时期。我们发起国学经典诵读活动的意义就是想让孩子从小了解传统文化，并从中受到教育和启发，养成健康的兴趣爱好和良好的道德观。国学经典是我们祖国传统文化的精华，具有很高的思想价值和审美

价值。这些经典中所包含的道理，是几千年来的文化积淀。学生在朗读、背诵国学经典时，收获到的不只是对其外在语言、表现形式的学习和把握，更重要的是通过国学经典的语言表述，在学生的脑海中建立起对其中所蕴含的思想、情感、价值观的正确认识。虽然学生在诵读时不能马上领悟其中的道理，但是长期坚持，形成浓厚的校园文化氛围就会对学生成长起到潜移默化的影响作用。

天铁一小的管理团队正是看准了国学经典诵读的意义，以国学经典诵读为特色，开展书香校园建设，营造琅琅书声满校园的文化氛围，促进学生健康成长。作为学校文化的一部分，国学经典诵读日益成为学校文化特色，反作用于学校文化发展，积极促进学校文化不断发展与完善。

华东师大陈玉琨教授的《学校发展三阶段论》中对学校文化建设的意义做了阐述。文中说："文化一旦被创造出来，就会发挥引导、规范、激励全体师生的重要作用。文化如果已经融入人们的血液中，它就是无坚不摧的力量。"由此可见学校文化建设是统领学校发展各个方面的一面旗帜。重视学校文化建设，重视学校文化不断革新与发展，在传承传统、发扬创新精神、营造多元评价氛围中实现学校文化的不断革新发展，形成独具特色的学校文化，促进教师发展，为学生健康成长保驾护航，我们任重道远。

参考文献：

刘儒德，等.教育中的心理效应［M］.上海：华东师范大学出版社，2006.

语言文字，学校实践与思考

小学阶段是学生较为系统地学习语言文字的启蒙阶段，我校较好地利用各种教育资源，将语言文字的规范化要求渗透到学校工作的各个领域，成为了教育教学的重要元素。

一、课堂，师生共同进步的阵地

课堂是语言文字学习的主要阵地，学校语文教师充分发挥学科特点，立足课堂，将读音和书写训练列入教学必需环节，强化听说读写能力培养；学校将规范用语用字列入作业、试卷的评分标准；各科教师也将语言文字规范化教育进行有机渗透，培养了学生规范用语用字的良好习惯。我们通过朗读竞赛、讲故事比赛、百词听写比赛等活动，有序地测试学生的识字能力、汉字书写、普通话表达能力，让学生在学习的经历中体验语言文字的魅力。教导处每学期两次对教师的备课及学生作业批改做检查，关注教师及学生的规范用字，每个学期进行一次学生优秀作业展。对教师语言文字的规范使用学校也采取了一系列措施：以听课、评课、说课为主的基础教研活动，是每个学期对教师说普通话、写规范字的集中检阅。说课、讲课、自评互评、撰写心得不仅给老师提供了自我发展的空间，还给老师们搭建了相互交流的平台，使语言文字在活动中得到净化，在净化中得到提升，真正将语言文字工作纳入到日常教学管理体系中。

严格要求老师们普通话授课，每学期举行的教职工诗词美文朗读竞赛、青年教师演讲比赛也是学校对老师们普通话运用的检验与激励。在教师用字上，学校要求严格、检查细致，重点抓好教师的硬笔书写，从粉笔字到钢笔字书写不但要求正确工整而且力求美观。从教师教案的书写到课堂上板书设计的应用，都是衡量一个教师用字是否合格规范的标尺。学校每学期举行的板书设计比赛和优秀教案评比活动是对教师基本功的考察，也是对语言文字工作落实情况的检查验收。学校举行的年度职工粉笔字书写展览活动，向全校师生展示了教师们的写字功底，评选出了优秀的书写者，同时对全体教师员工起到了敦促和引领的作用。另外学校要求各班定期更换板报，规范使用语言文字，让孩子们也从中得到了启示，积极宣传语言文字规范使用，潜移默化地形成规范使用语言文字的良好习惯。让课堂、学校成为师生共同进步的阵地。

其次，利用好《语文实践》《写字》等教材，在语文课堂教学中开展规范写字、规范阅读等活动以培养学生语言文字能力。低段的写字比赛、中高段的朗读比赛、作文比赛均按计划开展，调动了学生学习热情。在这一过程中，既培养了教师严谨的教风，又培养了学生一丝不苟的学风。

二、活动，开展特色教育的手段

学校坚持以德育为核心，并将语言文字工作与德育活动巧妙结合，收到了显著的效果：图书进班，班级、校级两级图书管理使学生积累了丰厚的语言文字知识；每周一庄严的国旗下讲话、每周丰富多彩的班会、每个寒暑假不同形式的道德实践活动的布置、每学年的中华魂演讲比赛锻炼了学生的好口才；每年三月份交通征文、四月母亲节征文等活动锻炼了学生的好文才；学校每学期定期组织演讲、讲故事等活动培养了学生的语言实践能力。学校成立了舞蹈队、合唱队、美术兴趣小组等组织，由专业老师进行辅导定期训练。在天铁教委组织的每年一度大型庆六一、元旦文艺汇演、历届美术画展中都获得一等奖。同学们的合唱、舞蹈、电子琴合奏、葫芦丝表演、小提琴演奏、三句半、配乐诗朗诵等精彩的文艺节目，充分展示了孩子们的艺术才华，丰富了校园文化的内涵。

这些教育活动是学校的办学特色，从另一个角度来看也是学校语言文字工作在社会上的一个完美展示，让规范的语言、规范的文字走出校园走上社会。

三、诵读，弘扬中华文化的武器

学校本着全面参与的原则，以语文课堂教学为主阵地，重视学生朗读训练。在中高年级古典诗词教学中推广运用吟读——诵读——背读——说读四步教学法；充分利用早读、午读时间，对所学课文反复诵读，加深理解、熟读成诵；开设第二课堂，诵读经典名篇，加强阅读积累。在各年级开设利用韵文认读汉字的国学经典诵读校本课程、利用实践活动开办古诗词诵读兴趣组、中高年级开设阅读与写作兴趣班。遵循识字、诵读、阅读、写作持续发展的教学原则，使诵读教学模式成为学校教学特色。我校自 2008—2009 学年始，组织各年级国学经典诵读比赛活动以弘扬传统文化，增强学生语文素养，培养朗读能力。每年度组织开展以《小学生必读古诗词 70 首》《弟子规》《百家姓》《千家诗》《三字经》为必读书目或选读书目的诵读活动。熟读成诵、反复诵读、读中自悟，以增加学生阅读积累，增强学生语文素养，接受传统文化熏陶，在潜移默化中培养学生好读书、善表达的语言能力。

四、环境，规范使用语言文字的氛围

我校充分运用上级的支持、驻地单位资源及其他各种资源狠抓环境建设，给师生创建了一个良好的成长环境。如今，校园内整洁美丽、书香浓郁、宁静幽雅。良好的环境陶冶着每一个人的情操，升华着每一位师生的感情。宣传栏中，校长寄语、党支部、德育处、教务处、大队活

动、校务公开等版块展现了"全面更新教育观念，建成适应二十一世纪发展的现代化学校"的办学目标与德育、科研、课程等各项改革中大胆创新取得的丰硕成果；每面墙壁都会说话，每面墙壁都说普通话，每面墙壁都写规范字。新硬化的前操场上，绿树粉墙，标语醒目，展现了"一切为了学生发展"的办学理念；校园与教学楼走廊上随处可见的语言文字、名人名言、国学经典篇目等文化外显项目，都体现着浓郁的文化气息。这些丰富多彩、富有实效的宣传教育形式，不仅增强了全体师生语言文字规范化和标准化意识，而且发挥了良好的辐射带动作用。

作为语言文字工作的重要场所，我校的语言文字工作在校领导的重视和正确领导下，在全校师生的共同努力下，在教育教学资源的合理使用中，取得了显著的成绩。今后我们的思路是：以国学诵读为龙头，将语言文字工作与提升学校整体办学水平进一步紧密结合；着力开发具有人文内涵的校本课程，充分关注语言文字的教育教学目标指向，使学校的校本课程以丰富的内容，多元的跨学科资源，灵活的学习方式，成为推进学校文化建设的新的增长点；将语言文字工作进一步辐射，由学校延伸到家庭、社区、社会，将其与推进创建学习型家庭、学习型社会结合起来，促进学校的整体发展。

幸福教育，模式研究与实践

一、问题提出与文献综述

（一）问题提出

2012年春节，央视记者以"你幸福吗?"为话题采访生活、工作在不同行业、不同社会阶层的人。"你幸福吗?"一时间成为人们关注的一个热点话题,如果我们教师来回答这个问题,又会有怎么样的答案呢?要回答这个问题,首先我们应该弄清楚什么是幸福?衡量幸福的标准是什么?

何为"幸福"?美国哈佛大学的泰勒·本沙哈尔教授给出了一个定义:"幸福是快乐与意义的结合"。这启示我们,幸福首先是一种愉悦的心理感受,但这种感受又不是凭空产生的,与一定的价值观相联系,蕴含在人们的行为或所做的事当中。也就是说,幸福很多时候来自我们所做过的和正在做的事情。

幸福因为时间、空间、对象的不同而千差万别,但不论是哪个年代,哪个地域,幸福都让人体验着生命的意义和快乐。那么,什么样的教育才能让学生们感受到幸福?什么样的教育才能称得上是幸福教育?幸福教育是否有模式可依?那幸福教育的模式又应该是什么?

(二) 文献综述

1. 当前教育现状及分析

毋庸讳言,我们当前的学校教育实践中面临着一个普遍的现实问题:在教学大纲和教科书中,规定了给予学生各种知识,但却没有指明给予学生最重要的东西——幸福。理想的教育应该是培养真正的人,让每一个经过教育培养出来的人都能幸福地度过一生。这就是教育应该追求的恒久性、终极性价值。而今天的教育,却似乎经常忘记了自己最根本的目的,反而把一些用来达到目的的手段变成了目标来追求。比如教材、教法、分数、作业等,它们都是学校教育中帮助学生学习的手段,但在很多场合下却让人反过来以为这些是学习的目的,把这些手段蜕变成剥夺人的幸福生活的"教育因素"。这些不正常的现象在当今的教育中比比皆是,成为当今教育难以承受的伤痛,它侵蚀着学生享受幸福教育的权利,也鞭挞着每一个教育工作者的良心。

前不久看过一份调查报告，就"当代小学生是否拥有幸福的学习生活"做了问卷调查，从学校近千余名小学生的反馈意见汇总中，调查的结果并不乐观。有相当一部分学生只喜欢上音乐、体育、美术、手工等考查学科，而对于考试学科，尤其是以读记为主的语文课不感兴趣，甚至深恶痛绝。这一调查结果也从一个侧面对我们当前的教育缺乏幸福感给出了一个佐证。摈弃陈旧的教育思想，创设愉快轻松的课堂，还教育教学的本来面目，使学生在学习过程中体会学习知识、形成能力的乐趣，重新拥有幸福的学习生活，是当前我们学校教育中不得不面对的一个迫切问题。

2. 我国小学教育发展趋势及政策导向

（1）政策导向

在中央提出和谐社会的大背景下，多地相继把"提升人民幸福感"写入十二五规划。在中国关注幸福感、提升幸福感是一种社会进步，意味着我们对人的尊重，一切发展的结果关注到了人。它正在变成社会的行动、国家的行动以及政策的导向。

（2）以人为本教育发展

党的十八大报告把"努力办好人民满意的教育"放在"在改善民生和创新管理中加强社会建设"的六项任务之首，是科学发展观以人为本核心思想的重要体现。

《国家中长期教育改革和发展规划纲要》提出把育人为本作为教育工作的根本要求，要加强教师队伍建设。这些教育工作的理念强调了对人的关注。

（3）教育实践新趋势

在实施素质教育的大背景下，教育人越来越关注素质教育的实践问题。通过全国各地的"幸福教育"实践来看，幸福教育理念已经被越来越多的人所接受。只是对于什么是真正的幸福教育？如何推进幸福教育？有很多学校还是比较迷茫，在进行实践的过程中，也多是流于表面，很少关注精神层面的幸福感。而这恰恰才是幸福教育的真谛。

"办幸福学校、塑幸福心灵、享幸福人生"是教育未来发展的方向。

3. 国内外幸福教育研究现状

国外现代意义上的幸福感研究始于20世纪60年代，西方学者提出：人的幸福感主要取决于三个因素，遗传基因、与幸福有关的环境因素以及能够帮助获得幸福的行动。遗传基因是无法改变的，于是，创造幸福的环境和获得幸福的行动成为人获得幸福感的重要因素。这后两个因素，我们是可以通过教育改变的，有关这两个方面的理论也成为幸福教育的重要依据。

进入21世纪以后，随着经济的迅猛发展、生活质量的不断提高，积极心理学的快速发展，"以人为本"的发展观渗透心理科学，幸福感研究温度骤升。哈佛大学泰勒·本沙哈尔博士关于教育与幸福理论，为科学理解幸福教育奠定了理论基础，为教学实践开辟了新路径。他开设的积极心理学和领袖心理学课程，即教授学生如何获得幸福能力，如何减少负面情绪获得快乐，并且帮助他人、社会更加幸福的"幸福课"，成为哈佛最受欢迎的选修课，他也被学生们誉为"最受欢迎的人生导师"。

我国幸福感研究可追溯到20世纪80年代。21世纪初，开始有部分地区在中小学提出幸福教育这一理念。刘次林博士的《幸福教育论》，是近年来我国关于幸福教育研究的一本重要的专著。他以综合性、系统性思维考察幸福问题，提出一种哲学认识论意义上的教育幸福观，重新理解并解释了教育过程中的知情关系、身心关系和人己关系，从而建构起幸福教育的理论构架。北师大朱小蔓教授评价说："我们这些年来提出的情感教育思想和主张，倡导的情感教育实验，从不放弃对人的认知层面的重视。我们始终认为，情绪、情感虽然有其相对独立的生理运行机制，有其在文化作用方式上的特殊性，但人的情感只有不断地吸纳认知加工的成果，才能成为'人的'情感。没有这一幸福情感产生并积淀于个体的精神世界之中，个体的生活将是不幸的；没有这一幸福情感出现并持续存在于教育过程之中，其教育便是不健全的教育"①。从朱小蔓教授这段话中，我们可以看出教育与幸福感培养之间的密切关系。

刘次林博士的幸福教育论，拉近了幸福理论与中小学教育教学的距离，促进了我国中小学幸福教育实践进程。引领学生学会认知和寻找幸福的理念，给中小学教育工作者提供了广阔的研究空间。

二、探索过程

（一）初始阶段

首先，笔者通过查阅分析文献资料，通过文献研究学习借鉴国内外有关小学生幸福教育的相关研究成果及成功经验，进一步理清研究思路，给本课题研究提供理论支持。

其次，通过调查问卷了解学生情况，进一步确定和修正研究方向。

再次，大量收集教育案例，通过具体案例分析不断总结与反思，以构建合理的教育教学及管理模式，为小学生幸福教育理论提供实践支持，与实验依据。

最后，本课题研究与学校管理及教育教学活动紧密结合，在学校管理及教育教学日常工作中渗透课题研究思想，在实践中研究，在研究中实践，不断修正和改善研究过程，力求形成来源于实践，服务于实践的有效研究成果。

（二）实施阶段

理论学习：通过文献研究学习借鉴国内外有关小学生幸福教育的相

---

① 刘次林. 幸福教育论 ［M］. 北京：人民教育出版社，2003.

关研究成果及成功经验，进一步理清研究思路，给课题研究提供理论支持。

明确课题的研究思路：本课题着重从以下三方面开展研究：如何实现教师职业幸福的具体途径和策略；实现学生幸福教育的途径和策略；构建幸福校园的实践与思考。

行动研究：紧密联系学校管理及教育教学日常工作，开展研究活动，不断总结与反思，以构建合理的教育教学及管理模式，为小学生幸福教育理论提供实践支持与实验依据。在实践中研究，在研究中实践，不断修正和改善研究过程，力求形成来源于实践，服务于实践的有效研究成果。

（三）完善阶段

通过近一年时间的实践与研究，逐步形成并完善小学幸福教育模式，主要包括以下内容。

学校幸福教育理念：创造幸福教育，享受教育幸福。

幸福教育的培养目标：培养学生认识、感受、传递、创造幸福的能力。

幸福课堂、幸福课程是实现幸福教育的两个关注点。

兴趣、习惯、方法是幸福教育实践的三个落脚点。

实现幸福教育途径：首先实现教师幸福；关键是实现学生幸福；营造幸福校园。

三、核心概念的内涵、特点及理论基础

（一）幸福教育与幸福教育模式

教育所秉承的宗旨正如苏联著名教育家苏霍姆林斯基所说：教育的最终目的是培养幸福的人。所谓幸福教育，就是以培养人的幸福情感为目的，增强师生"体验幸福、创造幸福、给予幸福"能力的教育。幸

福教育模式力图通过学校教育理念、课程设置、教育教学活动的组织与实施、教育管理与评价等领域的改革，给学生的学习、教师的工作过程以幸福的体验，从而实现人们为获得幸福而热爱教育、享受教育的幸福。

（二）学校幸福教育模式构想

1. 学校幸福教育理念

"创造幸福教育，享受教育幸福"的办学理念符合人类社会的终极追求和教育发展的大趋势。学校作为培养人的教育组织机构，必须要实现促进学生发展、教师发展的最终目标，也就是要引导师生自我实现、自我发展。

2. 幸福教育培养目标

教育的最终目的是塑造人，引导人追寻幸福的生活。幸福教育从教师层面分析是教育幸福和幸福地教育两方面的结合；从学生层面分析是学幸福和幸福地学两方面的结合。在走向幸福的过程中学生经历幸福的体验，从而培养其认识、感受、传递、创造幸福的能力。

3. 两个关注点

幸福课堂、幸福课程是幸福教育模式必须关注的两大方面。

课堂是实践幸福教育的主阵地。怎样尊重教学规律和人的发展规律，提供适宜的课程体系，建设充满活力的课堂教学文化和师生互动形式，决定着师生在学校的幸福指数。

在教育过程中，不仅强调学生知识的掌握和文化修养的培养，尤其注重人性的塑造、理性的养成，强调师生之间、生生之间的理解与平等，使个体的尊严、自由、责任等价值得以体现，使教育环境幸福化，让学生享受到课堂上的幸福。给予学生参与实践的机会，学生收获自由的含义；给予学生自由表达与争论的空间时，学生收获独立的意义；给予学生不同的关注与期望时，学生收获人性的魅力；给予学生尊重与信任时，学生收获关爱的力量；给予学生宽容与乐观的期待时，学生收获尊重的价值；给予学生成长中所需的一切经历和体验时，学生收获的是幸福的人生……

课程是实践幸福教育的依托和手段。优化国家课程、开发校本课程、创设艺体活动课，三项工作既分项推进又紧密结合，构建成完善完美的课程体系。首先，在全面推进社团建设发展中，提升精品社团活动水平，把成熟的精品社团开发为校本课程，让校本课程具有内生性、自主生成性。其次，发掘国家课程学科艺术资源，把这样的资源融入校本课程和社团活动。与此同时，将校本课程和社团活动课中有益于优化国家课程的资源充盈到国家课程之中，这样形成一个系统的、立体的、互动的、发展性的教育课程体系。

4. 落脚点：兴趣、习惯、方法

意大利教育学家蒙台梭利认为："孩子绝不是一张白纸，相反一开始就有一个精神胚胎，这个精神胚胎中藏有心灵成长的密码。并且，只有孩子自己通过自己的行动、感受和思考才能解开这个密码"①。由此分析，学生求知的动力系统不是外力的施与，而是内力的激发。这个需要激发的内力就是学生自身对学习的兴趣。学生在学习过程中不断吸取外界信息刺激、积累材料、形成许多感受点，产生心理活动，即学生本身对学习的兴趣。有了兴趣就有进一步学习获得知识的动力，经过教育引导和有意识强化，逐渐形成习惯。

古语云："授之以鱼不如授之以渔。"要让学生轻松愉快地获取知识，帮助学生获得适切的学习方法，也不容忽视。培养兴趣、养成习惯、获得方法是幸福教育实践的三个落脚点。

---

① 蒙台梭利. 童年的秘密［M］. 北京：中国发展出版社，2002.

5. 途径及具体做法

（1）实现教师幸福

从教师职业分析来看，幸福应该来源于我们的教育教学活动的心灵感受，什么样的教师才是幸福的教师，没有一个准确的定义，但是毋庸置疑，教师幸福，离不开学校引领，从教师职业的角度分析，不同年龄段的教师有不同的评价标准及引领方向，青年教师的幸福源于自身的专业成长，中年教师的幸福源于自身价值的充分发挥，老年教师的幸福更多来源于社会、学校及家庭的尊重。不同年龄阶段对幸福的不同理解要求我们教育管理者针对教师的年龄特点给予不同的方向引领，不同的情感投入，让每一位教师在自己的教育生涯不同阶段收获同样的幸福感受。

（2）关键是实现学生幸福

相关研究成果表明，一个人是否热爱学习，人格健全，生活幸福，最终都要追溯到他的童年经历。童年生活为每一个人奠定了人生底色，童年时候学到过什么，得到过什么，经历过怎样的遭遇或者受到过怎样的对待，都会在他的人生旅途中一一呈现，并逐渐成为他对待他人和周围世界的姿态，从这个意义上说，我们的小学教育关乎学生一生的幸福。什么才是学生们的幸福教育？从更长远的教育观点着眼小学阶段的成长与教育目标，能够为人的一生幸福奠基的教育才是幸福教育。

幸福教育要求我们，蹲下身来，从学生的眼睛看世界，给学生一个人性化的成长空间，尽可能宽阔的空间，让他做一个自信、自主、自然、健康成长的小学生……

（3）营造幸福校园

什么是幸福校园？幸福校园是一个和谐、融通的教育环境。自然环境的优美宜人、教学设备的先进高效、以及学校与社区之间的和谐互动、学校与家庭之间的和谐互动等等，都是幸福校园不可或缺的重要组成部分，也是建设幸福校园不容忽视的发展方向。

陈自鹏博士在《我们要建设一个什么样的校园》一文中曾提出建设平安校园、书香校园、文明校园、绿色校园、和谐校园、幸福校园的构想。① 建设平安校园、绿色校园、文明校园就是要从校园环境建设入手为全体师生营造安全、环保、健康、文明、幸福的学习环境；建设和谐校园，则是建构一种理想的人际关系，无论是学校的管理者、教师，还是学生、家长之间都能诚信友爱、和睦相处，从而使我们的教育教学无拘无束，充满活力。建设书香校园，则是立足于学校文化建设，充分发挥学校传承文化，传递文明的工具作用，给学生健康成长提供正能量。

幸福的内涵没有定论，幸福教育也无模式可言，追求幸福才是幸福的真意。幸福是事关整个教育事业的核心问题，它具有多源性，在教育实践中，我们的研究与探索所能关注的仅仅是幸福教育的某一个点，但是我们立足校情实际，依托课堂改革，不断追寻幸福教育的梦想，叩问教育幸福之门，最终会掘出幸福之泉。

四、实施操作

（一）实现教师幸福

能够把教育工作当作毕生事业来做的教师，即使他一生的工作都默默无闻，他的内心也是幸福的。② 因为他把教师本身当作一种信仰，有信仰，追求信仰本身就是一种幸福。

什么样的教师是幸福的？一名普通教师，怎样才能幸福地从事教育工作呢？

---

① 陈自鹏. 我们要建设一个什么样的校园 [J]. 天津教育，2013（6）.
② 肖川. 教师的幸福人生与专业成长 [M]. 北京：新华出版社，2008.

1. 明确意义，工作价值等于幸福

两千多年前希腊哲学家、教育家柏拉图就在他的论著《理想国》一书中清晰阐述了教育对国家发展的重要性，他认为教育是国家的事业，教育对国家的作用表现在三个方面。第一，良好的教育使社会中的人与人关系融洽，国家秩序也因此稳定，有利于社会和谐。第二，教育可以不断改善国民素质，有利于人种进步。第三，教育养成人们守法的习惯和良好的行为举止，有利于保持社会秩序的稳定。我国是一个有着五千年文明的古老国度，自古至今，教育在社会发展人类进步历程中一直发挥着重要作用，早在两千多年前孟子就曾经说过人生的一大乐事：得天下英才教之。其实不用教英才，每一个普通孩子都是一个独具个性的生命个体，在他们的成长过程中，教师对他们的成人、成才都有着不容忽视的作用，大至国家发展，民族进步，小到个人成长，教育一直伴随着人类社会的成长，这就是教师工作的价值所在。能从业于教师，即使平凡也是伟大，我们的工作价值决定了我们的人生价值，有价值的工作有意义，有意义的人生本身就等于幸福。

教学小案例：同办公室的聂老师曾给我讲过这样一件事。她担任班主任的二年级二班有个小男生天天不吃早餐，身体很瘦弱，小男生的妈妈想尽办法也难见成效，于是找到聂老师想办法。聂老师课下找到这个小男生，给他讲了吃早餐的重要性，并且建议他，开始时如果不想吃就少吃一点，慢慢再多吃，这样就会养成按时吃早餐的习惯，身体就会棒棒的。和小男生沟通后不久，小男生的妈妈找到聂老师表示感谢，说小男生自打老师跟他谈过之后，天天主动吃早餐了，而且饭量也逐渐增大。

对于我们来说这是一件微不足道的小事，但对于小男生来说，对于小男生妈妈，或者说对学生整个家庭来说，小男生能够改掉不好的生活习惯，走上健康成长的正轨该是一件多么值得庆贺的大事！由此可见，教师工作的意义，我们能从事教师工作，见证和参与许许多多学生的成长该是多么有意义的事情。

2. 严谨认真的工作态度衍生幸福

司马光是北宋仁宗时期著名的政治家，有卓越的政治远见和治国方略。但是他初涉政坛，所从事的是刑事诉讼工作，日常事务纷杂繁复，不是司马光能力擅长，也不是他喜好的工作，但是他依然对工作投入了最大的热情，全身心地投入到工作中去，认真做好职责范围中的每一件事，他认真的工作态度赢得了时任开封府知府欧阳修的赏识，为以后的发展铺平了道路。这一事例说明，对待本职工作即使不喜欢，也不可以不认真，教师工作也如此。不论是不是自己的能力所长，是否对这一职业感兴趣，既然做了教师，就应该毫无条件地认真工作。认真了，工作才能干出成绩，得到认可，这种认可就是自身价值的体现，就像农民望着丰收在望的田野，他的所有辛苦付出都化作了收获的喜悦，这本身就是幸福。

3. 淡泊豁达的工作心态延续幸福

随着现代管理思想进入校园，量化考核方案的大面积实施。每位教师都面对着工作成绩考评的压力、家长社会期待的压力、自身精力减退的压力。如何化解压力、释放能力，心态很重要。以教师成绩考核为例，客观上量化考核成绩是学校开展工作，提高教师工作积极性的手段，但主观上，教师往往容易按照量化成绩给自己在教师队伍里排名定位，排名就要有先后，前面的有继续保持的紧张，后面的有赶超先进的干劲儿，这是考核的积极作用所在，但事物都有它的两面性，量化考核也不例外。在奖励先进，鞭策后进的同时，也影响着一部分教师的自信心，自信心的丧失带给这些教师的不仅是工作成绩的下滑，更是职业倦怠的开始，失去对工作的自信心，何谈职业幸福？在现有体制下，如何长期保有工作自信心，防止职业倦怠，教师本身主观作用不容忽视。就是调整好自己的心态，积极应对压力。

优秀班主任魏书生说："多改变自我，少埋怨环境。""眼睛向内，超越自我，提高素质，等待机遇，与其将希望寄托在客观条件的改变上，不如将希望寄托于挖掘自身潜能上。"① 因此，每位教师要正确对待工作中出现的挫折和困惑，要清醒地认识到、焦虑、恐慌、埋怨，不但不能解决问题，反而会增加自身的心理负担，消耗自身的激情，挫伤自己的情感。唯一能做的就是放下包袱，了解自我，悦纳自己，不但能肯定自己的优点，而且能够承认、接纳自身的不足，从而对自己的潜能做出客观的估价，给自己确定适当的人生目标，建立适度的期望，豁达地看待工作得失，不比较、不计较。就像满园盛放的花儿，有机会被采集来编织成花冠的花朵很美丽，但是更多的花儿没有机会成为花冠，但是只要保持盛放的姿态一样美丽。

浏览北京市东城区史家胡同小学语文特级教师万平的博客，曾看见过这样一段话："把每一天过得安静而且干净，就是幸福。当太多的成功和成名榜样、励志演说遍布媒体遍布网络，各种一夜成名成了常态的时候，我们生存（工作）的环境就太恐怖了…… 所谓成功怎么可能像韭菜一样，一茬一茬任你割呢？生长是需要四季的，成长是需要时间的，一个人还没有睁开眼睛就总是看到烟花四射的绚烂，让他如何面对日复一日的平凡呢？"

是的，"把每一天过得安静而且干净，就是幸福"②。只有保持良好的心态，才能看到希望、充满信心、延续幸福。

4. 工作得法收获幸福

苏霍姆林斯基的《给教师的一百条建议》中，有这样一个小故事：一位历史教师上了一节精彩的观摩课，旁人问：您用多长时间准备这节课？历史教师郑重地说：这堂课我准备了一辈子，而且一般地说，每堂

① 魏书生. 班主任工作漫谈［M］. 桂林：漓江出版社，2008.
② 周国平. 生命的品质［M］. 武汉：长江文艺出版社，2010.

课我都准备了一辈子。① 历史教师的话，值得我们每一位做教师的认真品味。他启示我们，要上好一节课，需要我们投入全部的知识素养。而知识素养的获取与提高，需要我们不断地读书学习、充实自己。

他山之石可以攻玉，坚持不断地学习一些教育理论，从前人的经验里找方法是工作得法的有效途径，同时要重视向经验丰富的同行学习，加强与同学科教师之间的交流，获得有益的间接经验。有句话说："一语点醒梦中人"很多时候明眼人的一句话，会让我们少走很多弯路。

反躬自省，不断地反思和总结自己的教育教学实践，研究教材，研究学生的同时下大力气研究自己的课堂，找出利弊得失，不断吸取失败的教训，把成功的经验反复在实践中运用，就能形成自己的教育教学智慧。工作得法，过程优化，教学效果会不断提升，让教师工作成为享受收获的幸福。

5. 理念引领、人文关怀

理念引领、人文关怀，是我校幸福教育模式形成的重要组成部分。在幸福理念引领下，我校教师队伍建设处于积极实践之中。教师专业成长方案的具体实施为培养青年教师铺路搭桥；教师论坛、骨干教师培养等活动给有教学经验、有教育业绩的中青年教师们提供了实现个人价值的平台；教师奖励基金的合理分配机制更是从经济手段出发，对中青年教师所取得教育教学成果给予嘉奖与鼓励；相对于处于事业高峰期的中青年教师和老教师们则走进了一个相对瓶颈的工作阶段，随着年龄的增长，体力精力的不断下降，他们更多的需要是关心和尊重。关心教师生活，关注教师健康，对家庭有困难、健康出问题的教师给予灵活的工作时间，帮助解决生活具体问题等切合实际的人文关怀，使教师们感受到学校人文关怀的力量，更感到学校是个干事业的地方，更是有爱，有温

---

① 苏霍姆林斯基．给教师的一百条建议［M］．北京：教育科学出版社，2000.

情的家。

(二) 关键是学生幸福

1. 学生的幸福

北京教育科学研究院褚宏启教授在《21 世纪核心素养及其培育》一文中提到: 请大家想一下, 如果你有一个独生女儿, 女儿长到 20 岁要找男朋友, 要和他成家, 要和他生活一辈子, 那么找什么样小伙子呢? 你女儿让你提建议, 你会说什么? 你肯定对女儿讲, 你找的小伙子身体一定要健康, 情感态度价值观起码要正常, 要有能力, 这样才能有美好的生活。①

所以大家看, 那些足以把独生女儿托付终身的不是多么骄人的成绩, 多么精致的才艺, 而是基础的生活能力以及身心的健康。想象一下, 如果学校和老师把学生当成未来女婿和未来儿媳妇培养, 我们该怎么做? 从终身发展看小学教育, 学生身心的健康成长才是学生真正的幸福。

2. 幸福教育

相关研究成果表明, 一个人是否热爱学习, 心境澄明, 人格健全, 生活幸福, 最终都要追溯到他的童年经历。童年生活为每一个人奠定了人生底色, 童年时候学到过什么, 得到过什么, 经历过怎样的遭遇或者受到过怎样的对待, 都会在他的人生旅途中一一呈现, 并逐渐成为他对待他人和周围世界的姿态。从这个意义上说, 我们的小学教育关乎孩子一生幸福, 美国哲学家 A.J. 赫舍尔说: "人的存在从来就不是纯粹的存在, 他总是牵涉意义。"② 什么样的教育才是有意义和有价值的呢? 从更长远的教育观点着眼, 看小学阶段的成长与教育目标, 能够为人的

---

① 褚宏启. 21 世纪核心素养及其培育 [J]. 今日教育, 2015 (9).
② [美] 赫舍尔. 人是谁 [M]. 隗仁莲, 安希孟, 译. 贵阳: 贵州人民出版社, 1994.

一生幸福奠基的教育才是幸福教育。

如何践行学生的幸福教育，我们主要从以下几方面结合进行探索。

（1）信任和期待

法国著名童话《小王子》的作者是一位作家也是一名飞行员，这本书一直试图告诉我们一个事实：人一长大，就再也没有能力了解孩子的世界。同时也警示我们，孩子是用另一种方式在看世界的。

看过一位台湾教育家写的一篇文章，文章里讲到，儿子上小学后第一次月考作弊：抄同学的答案。回家后父亲问他原因，儿子说老师要他们认真写，会的要写出来，不会的也要用心想一想。他不想让老师觉得自己不认真，考卷没写完，所以不会的就问同学。从这个案例中我们发现小孩子所谓的"犯错"有时候只不过是他对事情有跟大人不同的理解而已，既不必然意味着低能，更不必然意味着顽劣。所以我们在孩子成长过程中要容许他犯错，给孩子充分的信任和耐心的期待，只要不至于变成骄纵，孩子会在更放松的心态下和大人互动，在这个过程中学得更为宽泛的知识；反之，过度紧张会让孩子们无所适从，甚至焦虑不安。看过一个鸭妈妈带小鸭子们散步的视频。视频中，鸭妈妈带小鸭子们上台阶，鸭妈妈站在台阶最上面等候着小鸭子们自己一级一级跳上来，在上台阶的过程中，小鸭子们摔了不少跟头，最终凭借自己的努力先后攀上了台阶。从这个视频中，我们看到小鸭子们有潜力自己爬上台阶，跟上大家前进的步伐，鸭妈妈要做的就是给予孩子们充分的信任和耐心的期待。同样，在孩子成长过程中遇到这样那样的问题时，作为教师和家长，我们要有胆识给孩子犯错误的空间，有勇气看他们摔跟头，有耐心等他们自我教育，自我成长。

（2）爱是对孩子最好的态度

孩子在学习过程中，成绩会有起伏，当他成绩落后时，教师对他的耐心与接纳，是他克服挫折感的重要力量来源。有时候，教师的关心与接纳甚至比想方设法地教育更要紧。也许你意识不到，作为教师，自己在什么时机，在什么场合，会因为一句话，或一种神情，而对某个孩子造成刻骨铭心、无可替代的影响！

特殊的年龄阶段决定了小学生的学习不是从知识到知识，而是从别人的态度出发去学习。家长、教师和同学对他的态度，深刻地影响着孩子长大后对这个世界以及他自己的态度。因此，教师有没有爱心，有没有偏见，有没有歧视，才是其是否胜任教师职业最重要的指标；也因此，善良、热情、诚恳、活泼、开朗与接纳是作为小学教师的我们不可或缺的师德。

（3）情感教育不可忽视

什么是情感教育？所谓情感教育，即培养孩子爱父母、爱家人、爱同学、爱朋友，会欣赏大自然，爱惜小动物，以及能凭借音乐、绘画、舞蹈来抒发自身情感或情绪的能力。

大自然没有言语，但是细心去体会的人，却可以在大自然的各个角落里，感受到能令整个心灵都舒展开来的那种喜悦和满足：在春天温润的空气里，夏天葱茏的树木下，秋天丰硕的果实里，冬天飘扬的雪花里，蕴藏着荡涤心灵的美与唤醒。我们如果能够培养下一代欣赏大自然的能力，他们一生所得到的满足，将远远胜于物质世界的影响。

情感教育的途径有两条，一是自然熏陶，一是艺术培养。

自然熏陶一方面是鼓励和带领孩子走进大自然，聆听自然天籁，感悟自然奥妙，培养审美意识；另一方面从学校的角度来说那就是教师人格魅力浸染，班级环境熏陶。我们常说，什么样的教师带出什么样的学生，一个做事雷厉风行的教师身边绝没有拖沓懒散的学生，一个温和儒雅的教师身边也很少有简单粗暴的行为存在。

艺术培养即学校通过艺术教育、社团活动培养学生艺术才能。艺术教育和社团活动是培养幸福能力的过程与方法。

学生艺术社团是在学校教师指导下，有相同兴趣、爱好、特长的少年儿童自主参与的群体组织，学生艺术社团是学校校园文化的重要载体，也是学校第二课堂的重要组成部分。艺术社团活动为实现学生个性化教育提供实践空间，学生参与社团活动，有利于丰富校园生活，培养兴趣爱好，扩大求知领域，增加交友范围，丰富内心世界，为未来培养学生幸福生活的能力和感受幸福的能力。本着这一宗旨，我校组织了多项社团活动，文学社、书法、美术、舞蹈等社团每周三下午准时开展活动，为有文学爱好，书法、美术特长和喜欢唱歌跳舞的学生提供专门的活动场地以及专门的指导教师，看到参与活动的学生们快乐的笑脸，家长满意的微笑，我们体会到了学生们的幸福，也体会到了作为一个教育工作者的幸福。

（4）创设情境、体验成功、培养习惯

著名教育家李吉林老师的情境教育模式给了我们很多启示，她说："情境德育就是优化儿童的成长空间，让德育教育成为学生们参与其中的实践活动"[1]。正是受到情境德育理论的启发，我校通过德育标兵、文明学生系列评比和星级学生表彰、毕业班励志教育、毕业班毕业典礼等多种形式创设育人情境，开展德育活动。并通过学生论坛、优秀作业评比、英语竞赛、语文课文背诵、习作、绘画等活动营造学习氛围。春风化雨，寓品德教育、习惯培养于各项活动中。以学生论坛为例，周二下午教师例会时间学校都要安排学生做论坛谈自己的读书体会，并安排学生英语背诵展示及学生点评环节。正是这个充满教育期待的情境为那些学习有困难，缺乏自信心的学生提供了一个体验成功喜悦，培养自信信念的平台。近年来，这些活动的持续开展取得了良好的成效，一些缺乏学习热情，学习效果不理想的学困生通过学校为他们创设的这些展示

---

[1] 李吉林. 学习科学与儿童情境学习 [M]. 教育研究，2013（11）.

活动，得到成功的激励，自信心慢慢树立起来，有的学生甚至成为班级学习中的领跑者，这些情境的创设，活动的开展无不寄托着我们神小教育工作者对践行幸福教育的期望，对学生幸福未来的期待。

（5）重视体育、享受运动、健康身心

体育自古以来就是人类教育的重要组成部分，从周王朝的官学要求学生必须掌握的礼、乐、射、御、书、数六艺，到今天教育提倡的学生德智体美劳全面发展，体育作为教育的目的和重要手段，一直是学生健康成长、成人、成才的基本保障。

南开教育创始人张伯苓先生也是天津教育的骄傲。他一生坦荡做人，用心做事，心怀大爱做教育，很多做法直到现在都有着指导意义。尤其令人肃然起敬的是，他把体育教育放在学校教育首位，他的一切教育活动都以学生的健康成长为前提条件，以爱学生为出发点。其雷打不动的"三点半"政策更让人感受到一位真正的教育家真心爱学生、恪守教育规律的拳拳之心。

2007年，由教育部、国家体育总局和共青团中央共同发起开展全国亿万学生阳光体育运动，其价值和意义就是使学生能够在人生的各个阶段把体育活动当作一项生活内容来安排，本着一切为了学生，健康第一的可持续发展理念，切实加强体育活动，让每个学生感受运动的快乐，丰富校园生活，促进学生的身心发展。

秉承阳光体育理念，我校在开足各年级段体育课的同时，为培养发展学生的体育特长组织开展了乒乓球、足球、排球、篮球等体育社团活动。运动场上，学生们手执球拍练习基础动作的专注表情，小手托起排球时标准的动作姿态和学生们兴奋的呐喊加油声音汇聚的画面，不正是学生们享受教育幸福的生动诠释吗？

幸福教育要求我们，蹲下身来，从学生的眼睛看世界，给学生一个人性化的成长空间，尽可能宽阔的空间，让他做一个自信、自主、自然、健康成长的小学生。

（三）营造幸福校园

什么是幸福校园？

幸福校园是一个和谐、融通的教育环境。营造幸福校园离不开积极的校园文化氛围；离不开融洽和谐的人际关系；离不开多姿多彩的校园生活；更离不开轻负高效的课堂教学。

1. 学校文化建设

学校文化的历史和传统，是学校镌刻在每个学子心灵深处的文化记忆。

在南京学访期间曾聆听江苏省教育科学研究院研究员彭钢教授对学校文化、办学特色以及祖国传统文化之间关系的论述。他说：中国的学校是中国教育的一部分，中国的教育是中国文化的一部分，中国的教育既是民族文化的传承者，也是民族文化的表现者和创造者。中国的教育应该理直气壮地表现中国的文化和文明。

威尔·杜兰特是美国著名学者，哲学教授，编写过 11 卷本的《世界文明史》和《哲学故事》，获普利策奖和自由勋章。他的《历史上最伟大的思想》一书被称为“世界文化地图”。《历史上最伟大的思想》一书的第二章“10 位最伟大的思想家”将孔子排在第一位，由此，我们看到传承千年的儒家教育在世界文化历史上的地位，看到传承历史在当代学校发展中的重要性。正像杜兰特在书中写到的那样：“生活中每一种伟大的著述，每一件艺术作品，每一个诚挚的生命，都是一种来自天堂的召唤，都是一扇通向天堂的大门，只是我们过于急切地熄灭了希望之火和崇敬之光。所以，让我们尊重传统，请出经典，重新点燃心灯吧！”①

由此我们不难发现，在小学阶段有意识地培养学生的传统文化意识，系统地引导学生去了解、认识祖国传统文化，是学校文化建设的重

①　［美］威尔·杜兰特. 历史上最伟大的思想［M］. 北京：中信出版社，2009.

要使命。

2. 神山小学学校文化建设

学校文化建设的核心价值观是以人的发展为本，要求我们建设一种人本的、人性的、人文的学校文化。在积极构建制度文化、环境文化的同时，学校重点在传承传统文化方面开展工作，自 2008—2009 学年第一学期开始，我校开展国学经典诵读活动，已历时七年，逐渐形成我校办学特色，以国学经典诵读为导引，创设书香校园氛围不失为传承传统文化，建设幸福文明校园的有效途径之一。

（1）国学经典诵读活动

人受教育的时机大致分为两个阶段，13 岁之前，人的记忆力是比较强的，是记忆的、积累的年龄；13 岁之后，人的理解力迅速发展，是理解的、表现的年龄。相关研究结果表明，大量诵读可以使学生拥有发达的脑神经，使学生聪明。① 小学阶段正是学生们记忆的黄金时期，我校国学经典诵读活动开展正是契合了这一儿童发展规律的科学选择。

此外，校园国学经典诵读活动最积极的意义就是让学生从小了解传统文化，并从中受到教育和启发，养成健康的兴趣爱好和良好的道德观。学生在朗读、背诵国学经典时，收获到的不只是对其外在语言、表现形式的学习和把握，更重要的是通过国学经典的语言表述，在学生的脑海中建立起对其中所蕴含的思想、情感、价值观的正确认识。国学经典是我们祖国传统文化的精华，具有很高的思想价值和审美价值。这些经典中所包含的文化给养，是几千年来的文化积淀。"幼儿养性，童蒙养正"，国学经典诵读的长期坚持会使孩子养成孝顺父母、懂礼貌、知礼仪、有教养的良好习惯。虽然学生在诵读时不能马上领悟其中的道理，但是长期坚持，形成浓厚的校园文化氛围就会对学生成长起到潜移默化的作用。众所周知，有成就的大师学者，都有深厚的国学功底作为

---

① ［英］鲁道夫·谢弗. 儿童心理学［M］. 北京：电子工业出版社，2010.

其文化修养的基础，钱钟书、梁漱溟、季羡林等著名学者大家的学术成就都是很好的例证，即使是以写近现代小说见长的作家，他们文章中看似信手拈来的诗句辞章也无不是来源于幼年的国学积淀。

（2）国学经典诵读活动过程

学期初，由学校教科室制订国学经典诵读活动计划并安排经典诵读各项活动，确定各年级诵读内容、达标要求、时间安排以及检查验收标准，由学校引领，以班级为单位开展诵读活动。具体诵读展示活动安排如表1所示。

从一年级的《弟子规》到六年级《论语》，学生每学年诵读一本，六年下来只要学生们用心就会有六本国学经典的阅读，量的积累才会促进质的飞越，这不仅对学生品格形成方面有巨大帮助，而且对他们的文化修养，语言表达的影响更是不可低估。

表1 天铁一小国学经典诵读展示活动安排 2014—2015

周次	班级、人数	地点	周次	班级、人数
第二周	一年级一班（二人） 一年级二班（二人）	播音室	第九周	四年级一班（二人） 四年级二班（二人）
第三周	一年级三班（三人）		第十周	四年级三班（三人）
第四周	二年级一班（二人） 二年级二班（二人）		第十一周	五年级一班（二人） 五年级二班（二人）
第五周	十一假		第十二周	五年级三班（三人）
第六周	二年级三班（二人） 二年级四班（二人）		第十四周	六年级一班（二人） 六年级二班（二人）
第七周	三年级一班（二人） 三年级二班（二人）		第十五周	六年级三班（二人） 六年级四班（二人）
第八周	三年级三班（二人） 三年级四班（二人）			

活动开展的目的要求：开展国学经典诵读展示活动，为培养全体学生经典诵读兴趣起到引领作用。各班班主任按照《国学经典诵读展示活动》的时间安排，选派本班学生若干名（具体各班人数详见表1）参加学校国学经典诵读展示活动，诵读展示时间为每生2分钟，诵读内容由本年级各位班主任协调商定。关于同学诵读验收活动安排如表2所示。

表2　国学诵读验收活动安排　2014—2015

周次	时间	节次	班级	验收内容	验收形式
第十三周	周一	第七节	一.1 一.2 一.3	《弟子规》后半本	集体背诵 个人展示
	周三	第七节	二.1 二.2 二.3	《三字经》后半本	
	周四	第七节	三.1 三.2 三.3 三.4	《百家姓》全册	
	周五	第六节	四.1 四.2 四.3	《增广贤文》后半本	
		第七节	五.1 五.2 五.3	《幼学琼林》后半本	

活动要求：集体背诵（可多种形式展示）占总分80%

服装整齐统一、精神面貌好（20%）

普通话标准，诵读流畅，语速、语调恰当，停顿合理（30%）

诵读形式丰富，感情处理得当，富有表现力、感染力（50%）

个人展示：（校长点将，每班三至五名学生）占总分20%

（3）国学经典诵读活动的策略跟进

要从根本上做好国学经典诵读这一学校文化建设，策略跟进很关键。首先是时间上的保障，其次是活动形式多样。每日课前诵读，每周国学经典诵读展示，每学期国学诵读比赛等多种形式开展的国学诵读活动，以及以国学经典研读体会，国学经典诵读体会为主题的教师论坛、学生论坛活动也在不断完善，不但实现了时间上有保障，也以多样的形式营造着学校书香校园的文化氛围。

我校的办学特色国学经典诵读活动，拉动了书香校园建构这一学校文化建设的主动脉，以建设书香校园为引领，学校的制度文化，环境文化建设逐渐形成体系，互相促进、共同发展、传承传统、笃学上进的书香校园氛围也逐渐成为了学生发展、教师发展和学校发展这些学校文化建设的核心内容。

华东师大陈玉琨教授的《学校发展三阶段论》中对学校文化建设的意义做了阐述。文中说："文化一旦被创造出来，就会发挥引导、规范、激励全体师生的重要作用。文化如果已经融入人们的血液中，它就是无坚不摧的力量"①。作为一种发展战略，学校文化建设是统领学校发展各个方面的一面旗帜，同时也是一所学校实现良性循环，持续发展的重要力量。学校文化的形成需要长时间的不间断的积累；需要一代代的传承与延续，更需要学校文化建设者们智慧之泉的不断滋润和涵养。重视学校文化建设，形成学校文化特色，我们任重道远。

3. 班集体建构

苏霍姆林斯基说：我认为教育的理想就在于使所有的儿童都成为幸福的人，使他们的心灵由于劳动的幸福而充满欢乐。② 作为工作在教育

---

① 陈玉昆. 教育评价学［M］. 北京：人民教育出版社，1999.
② 苏霍姆林斯基. 给教师的一百条建议［M］. 北京：教育科学出版社，2000.

第一线的班主任应努力地为我们的学生构建一个幸福的班集体，让教师教得轻松，学生学得快乐，将素质教育落到实处。

（1）做一个有爱心的班主任

构建一个幸福的班集体，爱是对孩子最好的态度，爱能够融化最坚硬的冰雪。小学生是人类多样化的花园里最脆弱、最娇嫩的花朵，在学生的成长过程中必然会出现摩擦、冲突，如果我们没有一颗博大的爱心，帮他们完成这一次次的成长，学生就会失去学习、进步的信心。亲其师，信其道，一名班主任就要有一颗爱心，能够成为学生的良师益友，让学生充满安全感、幸福感。一双眼睛看不住几十个学生，一颗爱心却可以拴住几十颗心。学生犯错时，要用包容的心去对待他们，想想：如果他是我的孩子，我会怎么办？当学生取得成绩时；及时给他们送上自己的赞许和掌声；学生有疑难时，耐心帮助解决，和他们成为真诚的朋友；当学生大胆倾吐自己的心声时，让自己成为最好的欣赏者和聆听者。让每一个学生在爱中感悟幸福、理解幸福、珍惜幸福，从而使学生的人生充满幸福，成就一个幸福的人。

（2）营造幸福的班级氛围

①创建班级环境文化

一个班级就是几十个学生的家，把班级变成一个温馨的家，学生自然就会感受到幸福！所以，课桌椅摆放整齐；小黑板、扫帚、拖布摆放到指定的位置；绿化角要常绿常新，窗明几净、井井有条、生机盎然会让每个家庭成员心情舒畅，流连忘返，充满幸福感。

②制定班级管理目标

幸福感是每个人都会有的一种感觉，它包括：被尊重、被理解的感觉，有成就、有价值的感觉。所以，班主任要构建幸福的班集体，应培养学生的主人翁责任感，满足学生的参与意识，充分体现学生的主体地位，使他们充满幸福感。魏书生曾经说过：班级的事，事事有人干；班级的人，人人有事干。这就告诉我们：让班级里的每个学生都有事情做，让他们都成为班级的主人。每个班级都可以建立《班级管理目标》，其设计也必须精细化。比如：班级的扫帚、拖布摆放；电灯的开、关；每天的关门、开门，收发作业；清洁黑板、整理讲桌。别看岗位小，但对学生而言这是一份责任，承载着教师和同学的信任，所以每个人在岗位上都尽职尽责、一丝不苟地体现着自己的价值，幸福着自己的幸福。

③丰富校园生活

构建一个幸福的班集体，班主任应该开展多姿多彩的课余活动，充实学生的学习生活，丰富学生的精神世界。例如：在国庆节、植树节、教师节、母亲节等节日期间，可以组织学生开展以节日内容为主题的班会活动和劳动实践活动。我们还有专门的爱国主义教育基地——一二九师司令部。通过开展丰富多彩的活动，学生懂得了从小就要热爱祖国、要保护环境、要尊敬师长、孝敬父母、形成正确的人生观、价值观。利用课余时间还可以组织学生开展各种活动，如：诗歌朗诵比赛、国学诵读比赛、做手抄报、跳绳比赛、踢毽子比赛等。这些活动不仅丰富学生知识、技能，提高学生的素质，锻炼了身体，而且还能使学生在潜移默化中得到思想熏陶，激发他们积极向上的情感，增强他们的集体荣誉感，加强团队精神的培养，幸福着自己的幸福。

五、成果

（一）幸福校园的建构

俄国著名教育家乌申斯基说："教育的主要目的在于使学生获得幸福。"[①] 教育以幸福为目的既是一种实然的存在，也是一种应然的价值追求。就学校而言，实现教育幸福的途径首先就是要构建幸福校园。幸福校园应该是绿色的、书香的、和谐的和平安的。

---

① 郑文樾. 乌申斯基教育文选［M］. 北京：人民教育出版社，1991.

1. 创建绿色校园

绿化、净化是绿色校园的标志，它体现一所学校的办学品位。首先，创建绿色校园就要加强校园绿化建设。学校发动全体学生主动参与学校绿化活动，利用校内及学校周围的空地培植树木，栽花种草，绿化、美化校园环境。其次，创建绿色校园，就要培养学生环保意识，组织学生认领养护花草树木，指导学生养护方法，给花草苗木制作标牌，在养护花木的过程中陶冶学生的身心。最后，创建绿色校园就要积极开展校园净化活动。定期组织学生进行卫生大扫除，坚持在学生日常行为规范教育中开展"伸伸手，弯弯腰，让地面一片洁净"活动，确保校园各处物品摆放整齐，地面无灰尘纸屑，让整个校园无卫生死角。

2. 创建书香校园

阅读是最大的幸福，学校要大力倡导教师、学生勤于读书，乐于读书，培养终身学习的习惯，以享受读书的快乐与幸福。首先，鼓励学生好读书、读好书。学校积极建立图书馆、阅览室，并不断增加藏书量，为师生阅读创建良好的读书条件；并以文学社、阅读与写作社团等形式给学生创造书香校园氛围，通过演讲比赛、写作比赛、诗歌朗诵会等形式为学生搭建展示平台，培养学生们热爱阅读的习惯以及善于表达、乐于表达、长于表达的能力。

其次，学校围绕"以国学诵读为引领，创建书香校园"这一办学特色，积极开展不同形式的经典阅读、诵读活动，让学生了解传统文化，不断丰富其文化底蕴；潜移默化，使其养成孝父母、懂礼貌、知礼仪的良好习惯。长期坚持国学经典诵读，不但提升了学生的文化修养，而且使学生形成了良好的品格，也营造着书香校园的文化氛围。

3. 创建和谐校园

和谐是对立事物之间在一定条件下具体、动态、相对、辩证的统一，是不同事物之间相辅相成、互利互惠、互促互补、共同发展的关系。建设和谐校园要将学校的各个系统、各种关系、各种资源置于一种合乎规律的动态平衡状态。为此，我们在管理、课堂和资源配置方面进行了一些有益的尝试和探索。

（1）管理和谐

首先，要做到管理和谐必须要建立系统的教育管理机制。在校内建立"校长—副校长—主任—班主任—教职工—学生干部—学生"的教育网络；在校外建立了"家庭—学校—社会"各教育团体力量相结合的教育网络。两网和谐发展，形成人人关心教育、支持教育的良好局面。

其次，要做到管理和谐必须实施民主管理。建立"校长办公会—校委会—职工代表大会—教职工例会"的民主管理体系，融洽干群间、同事间关系，实现民主管理。

"抓组织、关心人"的方式，从教师生活幸福、身心健康、专业成长出发，全面关心教师的成长与发展。学生管理方面，坚持激励教育，增强学生主人翁意识，通过评比表彰"三好学生""文明学生""优秀队干部""德育系列标兵"等活动，让学生体验成功，收获快乐，享受幸福。

（2）课堂和谐

以人的和谐发展为目标，使人的本性、尊严、潜能在教育过程中得到最大的实现与发展是实现课堂和谐、建设幸福课堂的主旨。为此，努力建构高效课堂教学模式，建立民主、平等、和谐的新型师生关系，解放学生思维，让学生在自主、探究、合作中学会学习、学会交流、学会合作、学会创新，享受教育幸福才是我们所追求的目标。

（3）资源配置和谐

按天津市义务教育学校现代化建设标准，完善硬件设备，实现合理科学的教育资源配置，是实现教育资源配置和谐的第一步；精心布置校园环境、发挥校园文化建设的浸染作用，是实现教育资源配置和谐的第二步；资源配置和谐能够满足教育教学及各项活动的需要，提升了学校的办学水平。

4. 创建平安校园

建设平安校园，首先要加强校园周边安全综合治理。学校要与公安、消防、街道办等单位多方联合，清理整顿校园周边环境，形成第一道防护线。其次，建设平安校园，严格校内管理是重中之重。一是制度保障，措施到位。学校要积极建立、健全、完善各项安全制度，加强安全教育。二是责任到人，落实到位。校领导要正确分解安全责任目标，与职工签订安全责任状，保障教职员工严格按安全要求开展工作，做到教育教学各岗位零事故。三是加强安全检查，整改到位。运用检查手段，查找安全隐患，及时整改，保证安全隐患排除迅速彻底。

幸福校园建设，使学校生活远离粗放、简单、机械，逐渐发展成为科学、民主、精致、生动的现代教育环境。构建幸福校园是幸福教育的重要组成方面，也是追求教育幸福，创建幸福教育的重要途径。

(二) 教师职业幸福途径

教育是心灵的事业，做教师应当是一个幸福的职业。幸福教育模式研究为实现教师职业幸福做了积极的研究和实践，并获得了初步成果。

1. 热爱生活，幸福的源泉

我们身边有许多这样的教师，他们工作认真，成绩斐然。他们似乎有用不完的精力，工作休闲两不误。丰富多彩的业余生活又给教学增添了动力与灵感，二者相得益彰。杭州安吉路良渚实验学校校长骆玲芳喜欢野外探险，她说路上是她思考教育最好的时间。她还是一个茶艺师，每到春天都会和学生们一起分享从各地而来的茶香。教育即生活，生活的新奇与未知与教育的发现与探索水乳交融。很难想象，一个个人生活失败的教师能够拥有一个幸福的教育生涯。懂得追求生活诗意与幸福的教师，才能给学生充满希望的未来。热爱生活，才会热爱教育。热爱是一种正能量，传递的过程也是播撒幸福种子的过程。热爱生活是教师幸福的源泉。

2. 享受课堂，幸福的钥匙

如果教师只是把工作当作谋生的手段，为教学而教学，那么他在工作中只能体会到辛苦，因为这份工作的确是劳心劳力的。听过许多公开课，有的教师一节课下来自己教得紧张，别人听得很累。究其原因，为上课而上课。整节课就是不断地提出问题，然后期待学生的标准答案，学生答不上来，教师就暗示提醒，再答不出来，干脆教师自问自答。而有的课则是教师教得投入，听得人如痴如醉，不知不觉已经下课。正如王崧舟老师所言：我们是在上课，但同时又是在享受上课。我们在课堂上彻底放松，全然进入课的每一个当下，和学生情情相融、心心相印，让生命中的每一个细胞、每一寸肌肤去感受、去体验课的每一个当下。他会在课堂上率性而为，和学生一起欢笑、一起流泪、一起沉思、一起震撼。于是，他就是课，课就是他，他和学生一起全然进入一种人课合一的境界。这种境界是什么？这种境界就是深深的职业幸福感。彻底敞开，全然进入，活在当下，享受过程，率性而为，高峰体验。真正全情投入地研读文本，既读懂字面的意思又揣摩出文字背后的深意，以深入浅出的方式传达给学生，与学生与文本产生精神的共鸣，学生又怎会不爱上你的课堂？这样的课堂酣畅淋漓，交流，质疑，探讨，收获，与学生共同成长。每天都有收获，每天都是崭新的，这样有能力、有知识底蕴享受课堂的教师，掌握了幸福之门的钥匙。

3. 身心健康，幸福的保障

颈椎病、腰椎疼是很多一线教师的职业病。每天超负荷的工作，有形的压力，埋头批改作业、写教案、有时还得加班加点地完成任务。优秀率、升学率、家长满意率，这些是无形的压力。时间久了，自然是身体不堪负荷。当我们失去健康时，所有追求的就都归零了，所以不爱惜身体，不卸下心灵的重担，身为教师怎会有幸福可言？平时的大课间跟学生一起，做做操打打球。工作是没有尽头的，有时候努力付出与收获不成正比也难免会沮丧灰心，要学会接受现实，调整心态。努力达到工作再忙心不忙，生活再苦心不累的境界。只有身心健康幸福才会更长远！

4. 从容与宽容，幸福的底蕴

教育是慢的艺术，需要的是耐心与等待①。当下的教育太过功利，大家都怕孩子输在起跑线上，三岁要背《唐诗三百首》，四岁要学外语，五岁要弹钢琴……在学校里，很多教师的课堂像做工程一样赶抢进度、赶时间，追求所谓的高效率、快节奏。家庭教育与学校教育都陷入了一个令人恐惧的误区——快教育。实际上，对待孩子的成长，来不得半点儿急躁，教育的成功从等待开始。作家龙应台在《孩子，你慢慢来》中写了这样一段话：我，坐在斜阳浅照的石阶上，望着这个眼睛清亮的小孩专心地做一件事。是的，我愿意等上一辈子的时间，让她从从容容地把这个蝴蝶结扎好，用她五岁的手指。孩子，你慢慢来，慢慢来。这是一种何等美丽的教育场景，这是一种何等美妙的教育艺术。我们似乎忘了教育不是百米赛，而是一场马拉松，允许孩子发展程度不同，承认他们认知差异、个体差异。在教育学生时，就会多一点儿耐心。面对孩子的不良习惯、面对孩子的犯错，更需要我们教师以一颗宽容的心对待。教育是春风化雨，细密的雨丝滋润土壤需要时间。泰戈尔说过，不是锤的打击，而是水的且歌且舞使卵石臻于完美，教育的魅力亦是如此。当我们明白教育的规律时才会更加从容地开展工作，更加宽

① 张文质. 教育是慢的艺术［M］. 上海：华东师范大学出版社，2008.

容地对待学生。教师是一个使教育者和受教育者都变得更完善和更幸福的职业。在成就学生的过程中成就自己，在追求卓越的过程中实现自我，教师的幸福，就是让师生都成为更好的自己！

（三）学生幸福感的构建

幸福教育模式研究的最终目的就是使学生在受教育过程中享受到幸福，学习到获得幸福的方法，并最终拥有获得幸福、传递幸福、创造幸福的能力。幸福教育模式研究实践进一步证明，学生的幸福感获得的主要渠道是建立良好的人际关系。人际交往能力也不是与生俱来的。古罗马教育家普鲁塔克说：儿童的心灵不是一个需要填满的罐子，而是一颗需要点燃的火种。学校要想成为培育这颗种子的土壤，教师就有责任帮助学生建构幸福的人际关系，为他们今后的成长和发展引航。

1. 建构融洽的师生关系

师生交往是学校生活的重要内容，和谐融洽的师生关系有利于提高学生的学习质量，促进学生身心健康。

首先，要让学生感受到师爱。在小学阶段，师爱是教师热爱教育事业的重要体现，也是培养学生热爱他人、热爱集体的道德情感基础。

一个学生，能感受到老师的爱，能得到别人的信任和尊重，能和同学们快乐交流、一起活动是一件多么幸福的事情！

其次，教师要在学生心目中树立完美的形象。让学生因敬仰而信服。教师形象的完美主要在于，让学生感受到尊重，体会到公平和民主。俗话说"爱其师，信其道"。在小学，教师这一角色可以说是身兼数职，具有多重性，新型师生关系要求形成新型的教师角色观，与学生形成平等、互动的师生关系，充分发挥教师的作用。事实上，这也正是素质教育对教师的必然要求。

再次，教学相长，做好学生的引领。着眼学生的长处和优势，发现和弘扬学生中存在的正气，以积极面去克服消极面。首先教师必须引导学生尊重教师的劳动和教师的人格与尊严，主动支持和协助教师工作，虚心接受教师的指导。另外，还要引导学生在人际交往中学会与他人合作、学会宽容、不歧视、耐心倾听、肯定他人优点、使用礼貌用语等。

教师要成为学生的良师益友，站在学生的角度，尊重学生，用真挚的感情启动学生的心扉，共创共享，教学相长，让学生享受到润物无声的幸福教育。

师生交往是一个互动的过程，良好师生关系的建立需要师生双方的共同努力，但是教师应该是更加积极主动，让学生进一步走近教师，接受教师的教育和思想引领，实现师生和谐交往，让融洽的师生关系陪伴学生幸福成长。

2. 建构和谐的同学关系

在学校这个特殊的环境中，同学之间的关系具有其他关系无法取代的重要作用。但是，小学生思想、性格、生活环境又千差万别，所以小学生与同学交往又现实性地存在着很多问题。例如：有的学生以自我为中心，不愿接纳他人；有的学生倾向于用武力解决问题，行为具有攻击性；有的学生爱组织小团体，使一些人受到冷落；有的学生性格内向、孤僻，缺少朋友；还有的学生可能因为自身的缺陷受到排斥，而这些问题的解决在很大程度上又决定着他们学校生活的幸福程度。

对这些人际关系不太好的学生，教师要进行引导，帮助他们建构和谐的同学关系，促进他们幸福成长。

（1）组织活动，创造机会，强化交往意识

有意识地组织开展一些对学生交往有益的活动，促进学生交往意识的正增强，强化正确的交往观念。例如召开以"夸夸我的好同学"为主题的班会活动，让学生善于发现同学的优点，全面看待同学，减少歧视、欺负现象的发生。而找优点、夸同学，又是一个认可与被认可的双向肯定的过程，相互的赏识与夸赞，能使对方的心理产生愉悦的快感，为消除成见、进一步建立友好的关系而奠定基础。

（2）个别教育

每一个学生都是一个独立的个体，因此对待学生的交往也要具体问题具体分析，既要看到学生的共性，同时注重每位学生的特殊性，在了解他们的基础上有针对性地选择具体的方法进行引导，个别教育，施以关爱。

掌握每个学生的特点，尽力帮每个学生找到契合点，培养出一个个有鲜明个性特点的学生，使学生成为一个真实的、幸福的人，这是教师工作的一个重要方面。

3. 建构良好的心理交往环境

由于小学生的年龄小，心理发展不成熟，认知不全面，以及现代社会信息科技的发展使学生失去很多面对面交流的机会等诸多原因，使得他们人际交往问题也越来越突出，怯懦、自卑、自负、嫉妒、逆反、势力等不良心理倾向非常普遍①。而这些心理问题将会成为他们心情舒畅、身心愉悦、培养乐观豁达品格的绊脚石。

在这个阶段，教师要善于观察、发现学生心理的细微变化，及时给予正确的帮助和引导，帮助学生建立健全的心理交往环境②。纠正人际交往中的不良心理倾向，帮助学生幸福成长。

对有怯懦、自卑心理倾向的学生，注意发现他们身上的闪光点，帮助他们认识自我，树立信心。对嫉妒心强的学生，引导他们学会控制，嫉妒情绪，明白取人之长，补己之短的重要性。帮助自负的学生找出自己不受欢迎的原因，改变自我。对有"势利"心理倾向的学生，要让他们认识到友谊是无法用金钱、权利衡量的，去掉功利心理，才能结交真正的朋友。

---

① 苏文洁. 小学生人际技能培养的研究［J］. 浙江教育科学，2009（4）.

② 张庆，高玉贤. 浅析转学小学生的心理适应问题［J］. 现代中小学教育，2009（6）.

现代社会，人际交往是学生必备的素质，作为教师，就应该帮助学生建构幸福的人际关系，促进学生个体的社会化发展和人格成熟，让他们的生活更加的丰富多彩，更加幸福快乐。

六、反思与启迪

幸福因其广泛的包容赋予不同国家、不同地域、不同环境、不同学段的教育以不同的内容，但幸福教育所秉承的共同的宗旨正如苏联著名教育家苏霍姆林斯基所说，教育的最终目的是培养幸福的人。所谓幸福教育，就是以培养人的幸福情感为目的，增强师生"体验幸福、创造幸福、给予幸福"能力的教育。幸福教育模式力图通过学校教育理念、教育管理与评价、课程设置、教育教学活动的组织与实施等领域的改革，给学生的学习、教师的工作过程以幸福的体验，从而实现人们为获得幸福而热爱教育、享受教育的目标。通过小学生幸福教育这一课题的研究，我们发现，在追求幸福教育过程中，做有胸怀、有梦想、有精神追求的教育工作者才是最幸福的。

参考文献：

[1] 刘次林. 幸福教育论 [M]. 北京：人民教育出版社，2003.

[2] 蒙台梭利. 童年的秘密 [M]. 北京：中国发展出版社，2002.

[3] 陈自鹏. 我们要建设一个什么样的校园 [J]. 天津教育，2013（6）.

[4] 肖川. 教师的幸福人生与专业成长 [M]. 北京：新华出版社，2008.

[5] 魏书生. 班主任工作漫谈 [M]. 桂林：漓江出版社，2008.

[6] 周国平. 生命的品质 [M]. 武汉：长江文艺出版社，2010.

［7］苏霍姆林斯基．给教师的一百条建议［M］．北京：教育科学出版社，2000.

［8］褚宏启.21世纪核心素养及其培育［J］．今日教育，2015（9）．

［9］［美］赫舍尔．人是谁［M］．隗仁莲，安希孟，译．贵阳：贵州人民出版社，1994.

［10］李吉林．学习科学与儿童情境学习［M］．教育研究，2013（11）．

［11］［美］威尔·杜兰特．历史上最伟大的思想［M］．北京：中信出版社，2009.

［12］［英］鲁道夫·谢弗．儿童心理学［M］．北京：电子工业出版社，2010.

［13］陈玉昆．教育评价学［M］．北京：人民教育出版社，1999.

［14］苏霍姆林斯基．给教师的一百条建议［M］．北京：教育科学出版社，2000.

［15］郑文樾．乌申斯基教育文选［M］．北京：人民教育出版社，1991.

［16］张文质．教育是慢的艺术［M］．上海：华东师范大学出版社，2008.

［17］苏文洁．小学生人际技能培养的研究［J］．浙江教育科学，2009（4）．

［18］张庆，高玉贤．浅析转学小学生的心理适应问题［J］．现代中小学教育，2009（6）．

模式探讨，课堂教学求高效

所谓教学模式就是指"在一定的教育思想、教学理论和学习理论指导下，在一定环境中教与学活动各要素之间的稳定关系和活动进程的结构形式"。我校课堂教学模式的研究与推广，从语文课堂三卡式模式研究到数学七步教学法研究、英语四学五步教学模式的构建已历时多年，语文、数学、英语三学科初步形成了一套相对完整缜密的教学系统。在此基础上，学校教科室对我校多年课堂教学工作进行总结归纳、提炼提升，初步形成我校四学六步高效课堂教学模式，下面就教学模式创建的重要性、必要性及语文、数学、英语三学科教学模式具体内容做总结汇报如下。

一、教学模式创建的重要性及其必要性

1. 大面积提高学科教学质量之需要

每学期末，学校领导都要分年级，分学科对本学期各学科期末教学质量检测成绩做质量分析，帮助科任老师分析教学中存在的问题，找到解决问题的具体方法策略，从而改进课堂教学，提高教学效率。

以数学学科为例，四年级某班级四个学期成绩进行比较分析的图例如下表1所示。

表1 四年级某班四个学期数学成绩分析

时间 ＼ 项目	优秀率	良好率	合格率	不及格及人数比例
2010~2011（二）	66.11%	27.1%	6.64%	0.15%

时间＼项目	优秀率	良好率	合格率	不及格及人数比例
2011~2012（一）	62.74%	27.76%	8.35%	1.15%
2011~2012（二）	68.40%	25.33%	6.12%	0.15%
2012~2013（一）	61.95%	22.44%	14.19%	1.42%
平均成绩	64.80%	25.65%	8.83%	0.72%

表 1 中数据统计显示，我们的优秀率并不高，良好率并不低，合格率并不少，不及格现象没有消灭。借助掌握教学法理论进行分析，只要提供适当的学习条件，大多数学生在学习能力、速度和进一步学习动机方面会变得十分相似；相反，学生间的差异就会很大。能否找到一种高效的教学方式，进一步加强优秀学生培养，激励良好学生进步，提升合格学生学业成绩，转化潜能生，消灭不及格现象，大面积提高教学质量？

从连续几个学期的课堂教学质量分析的具体数据中，我们还发现不同老师其教学成绩存在长期持续走高或者持续低迷现象。同样的班级，同样的学生，在同样的教学背景下，不同老师的教学质量存在差异。这些现象也提醒我们思考，寻找一种固定的高效教学模式来提升课堂教学质量，在连续几年的学科模式研究实践中，我们逐渐形成共识：构建高效的课堂教学模式是课堂教学顺利高效进行的有力保证。

2. 转变教学观念之重要

高效教学是一种教学思想，实现高效教学，要以转变教学观念为前提。掌握学习教学法认为，"我们的孩子都能学习"。布鲁姆指出：学校学习中的学生存在的许多个别差异，大都可以看作是人为的、偶然的，而不是先天固有的，如果对影响学生的一些变量进行控制，那么学生学习上的差异完全可以缩小。布鲁姆的学生观和教学观为我们的高效课堂教学模式研究提供重要思想基础。

从课堂教学实践反馈的信息来看，我们课堂教学存在一些问题。（1）不能充分激发学生的学习积极性。不论是常规听课还是青年教师研究课、标优教师示范课都存在老师课上意气风发讲得津津有味，学生眉目低垂听得不胜其烦的现象，从这些学生表现上我们不难看出，学生缺乏学习动力。美国心理学家布鲁纳说："学习的最好动机，乃是对学习活动本身的兴趣"。这就是说，浓厚的学习兴趣可激起强大的学习动力，使学生自强不息，奋发向上。而我们的课堂多问答少思考、被动接受的传统教学特征依旧较为严重，不易激发学生的认知兴趣。（2）学生课业负担过重。学生的负担既有心理的，也有学业的。心理负担源于基础差、成绩低，缺少自信和学习热情，学习情趣不浓；学业负担源于重考试科目轻考查科目，作业多，学生不能全面发展。无论是心理的，还是学业的，都是因教学方法不优化造成的。减轻学生过重的课业负担，是指减掉不合理、不必要的负担，通过优化教学方法，改变学习方式，提高人的发展质量，走轻负高效的教学之路。（3）为掌握知识而教学，忽视学生智能发展。当下我们课堂的教学过程还基本是用传授教学让学生接受知识；用讲解教学让学生理解知识；用示范教学让学生模仿知识；用复习教学让学生牢记知识；用作业教学让学生运用知识；用批改教学排除学生的错误。分析这个学习过程，我们会发现它缺乏思维转化过程中至关重要的两步：分析——改造；启发——联想。由于教学过程不能形成完整的思维转化运动，所以不能产生智能。（4）课堂教学缺乏对学生独立学习能力的培养。同在一室学习，同样的内容，同样的方法，同样的训练，统一的要求，为什么有的学生会出现"一听就懂、一放就忘、一做就错"的现象？主要是注入式教学方法造成的。现有课堂教学仍然存在老师讲，学生听，老师写，学生抄，老师问，学生答，老师考，学生背的机械学习现象，不能给学生留出更多的时间让学生自己看书、思考、讨论、相互争辩，而后得出结论，获得知识。这样的课堂，因缺少独立的认识活动，时间一长，学生便慢慢养成了依赖性。（5）教师缺乏及时反馈矫正意识。学习心理学研究表明：反馈必须及时，才能最大限度地发挥学习反馈的积极功能。原来我们的课堂，由于教师把主要精力放在讲解上，只顾自己信息的输出，不注意学生的信息接收，使得教师在课堂上获得学生反馈信息量少，致使学生的学习行为得不到及时反馈矫正，带着没有矫正的学习错误进入后续学习，降低了学习积极性。

转变教学观念，改革课堂教学，优化教学方法，提高课堂效率，亟待学校形成高效课堂教学模式。

3. 教师专业发展之急要

建设一支高素质和专业化的教师队伍，是提高教育质量的关键。在促进教师专业发展，提高教师素质上，学校采取了一些措施，开展通段学习考核、教师论坛、课堂教学竞赛等活动，增强了教师学习的主动性，使教师的专业理论和专业知识水平得到了提升。但是，我们对教师的专业能力提升（尤其是教学研究能力）、专业态度培养、专业动机激发等方面做得不够。让教师在自我反思、同伴互助、专家引领的过程中，提高专业能力；在学习与教学实践中，提升理论素养和专业技能；大力倡导课题研究，在教学研究中对自身的工作发生兴趣，成为学习型教师、反思型教师、研究型教师是我校课题研究之急要。

4. 适应天铁教育发展形势之紧要

我校建校 50 年。其间，经过几代教师执着的教育教学探索，办学质量稳步提升，为高一级学校输送了一定数量的优秀人才，不可谓办学没有质量，但我们在教学上还没有办出自己的特色，没有创建出一个符合素质教育要求的教学模式。为适应天铁教育园区建设，实现天铁教育中心"五高五出"目标，创建教学模式，加紧实践研究，实现高效教学，成为我们当前紧要的任务。

二、"四学六步"教学模式针对的主要问题及达成目标

1. "四学六步"教学模式的研究主要针对以下五个方面的问题。(1)教师的教学观念和课堂教学行为、方式与教学发展不相适应的问题。(2)教师主导过多，学生自主学习有名无实的问题。(3)学生自主、合作学习的意识和能力欠缺，自主、合作学习的方式和效能在小学课堂教学中体现不够合理、到位的问题。(4)"减负增效"已成为广泛共识，但就目前小学课堂教学而言，"减负增效"的切入口、内容、方法、途径、操作等诸多问题还是一片空白，课堂结构、流程的随意性比较大的问题。(5)课堂教学效益不高，"低效，高耗"或"有效，高耗"的问题。

2. "四学六步"教学模式力求达成的目标。通过本模式的研究，力求基本达成以下五个目标。(1)落实新课程理念，更新教师的教学观念，切实转变教师的课堂教学行为和方式，把新课程所倡导的"以学为中心"的理念和"自主、合作"的学习方式真正落到实处。(2)在推动学生自主学习的过程中，根据学生自身的特点和学习水平，循序渐进地帮助学生养成自主学习的习惯，使其逐步掌握自主学习的基本方法，并不断提高自主学习的能力。(3)在组织开展合作学习的过程中，基本掌握异质组、同质组的科学、合理的组合与变换方式，为开展合作学习和实施分层教学、因材施教寻找到比较科学、有效的方法与途径；培养学生的合作精神、合作习惯和合作能力。(4)更好地面向全体学生，有效地促进各层次学生的发展。

三、"四学六步"课堂教学模式释义及具体流程

释义：四学即导学、自学、同学、固学；六步即创设情境、目标引领、自主合作、精讲点拨、巩固拓展、反馈评价。

"四学、六步"教学模式具体流程："四学"即导学、自学、同学、固学。从学生的角度将课堂细化为四个部分，导学即在教师指导下学生的学习；自学部分为学生自主学习；同学即同桌或小组互助学习；固学即巩固复习。四学主旨在于强调以学生"学"为中心，充分发挥学生学习中的主体地位，减少教师的知识传授者的角色比重，把教师定位为学生学习的指导者和协作者。四学虽然原则上将学生的学习分为四部分，但具体呈现在课堂上，时间的把握以及呈现的顺序都由教师根据课堂需要灵活掌控。"六步"：即创设情境、目标引领、自主合作、精讲点拨、巩固拓展、反馈评价。从教师教的角度将课堂教学整个过程细化，以情境创设来激发学习热情，以明确目标来引领课堂教学，以精讲点拨来引领学生自主学习，以拓展、评价来反馈巩固所学知识，提升学习能力。"六步"主旨在于紧紧围绕课堂教学五大环节进行教学，从整节课的设计到课堂掌控给教师一个明确的授课思路，从教师教的角度使整个课堂教学的呈现层次分明，与学生四学相互照应，形成一个完整的课堂教学模式。

静水流深，解读静安新经验

笔者参加了为期 21 天的上海静安区一中心小学挂职锻炼，期间作为语文老师，我参加到三年级组教师的日常工作中，参与集体备课、听课、议课、评课、上课以及作业批改和班级、学校各项活动中去，其间

有幸随静安区一中心小学的张敏校长参加由上海黄浦区主办的海峡两岸中小学教育教学学术交流会，有幸接触到上海教育界的一些名人，聆听上海师范大学教育院院长夏惠贤教授的教师专业成长的相关报告，上海格致中学张志敏校长的办学思想汇报，以及台湾教科院、台湾嘉义大学教授、台湾国际学校校长的精彩报告，这期间集中接触到大量的教育教学信息，加之不断的沉淀积累反思，期待内化成一定的能力系统，助力教育教学工作。

感悟静安：

静安区一中心小学是一所具有悠久历史，又充满现代气息的学校，教学楼楼体以橙色为主色调，下方青砖配色，上方冠以白色，古朴雅致、清新亮丽、拱形门窗、欧式风格，于无声处静静诉说着学校近百年悠久历史，创始人陈鹤琴先生深厚的传统文化底蕴和丰富的个人经历，使这所学校虽历经风雨，魅力不衰。走进校园，悦动廊随处可以看到供孩子们阅读的书籍；教室前是孩子们自己动手制作的手抄报；走廊里，孩子们见到老师主动问候，主动给客人带路，周到细致；操场上，"绳彩飞扬"的花样跳绳让人眼前一亮……初到静安，感受静安，感佩之情油然而生，这里的教育工作做得精致！

校长印象：

在校长座谈会上见到了张敏校长。这是一位身材高挑，笑容亲切，衣着得体的知性女子。初入视野其睿智大气、铿锵优雅的作风就深深吸引了我，成为我眼中海派文化和上海精致教育的形象。座谈会上张校长就学校历史、办学理念传承、课程开发、师资队伍培养等方面做了具体介绍，并详细回答了我们就学校教科研工作，校本课程开发提出的几个问题，其工作的理性和人文性俯仰可见。

（一）学习善思考

虚心学习的重要性几乎人人都懂，但真能付诸行动，并始终坚持的不是太多，在虚心学习中又能独立思考，将学到的知识、经验内化为自己的理解，外化为实践行为的则更少，张敏校长恰恰是这样一个人！从张敏校长的成长经历里可以看到，她当教师时是这样，走上领导岗位后更是这样。众所周知，大凡虚心的人，渴望学习的人，一定有内在的驱动力，有着对人生和事业的挚爱和追求。张敏校长也不例外，对教育事业以及对自身人生价值的积极追求，是她几十年如一日不断坚持学习的内心源泉。

她注重学历进修，厚实底蕴。她边工作边上大学，30 岁读本科，40 岁再读华师大的硕士研究生。攻读华师大的研究生准入门槛比较高，这对于许多人来说是望而生畏的，而她却迎难而上，凭自己的实力考进去了，认真读了，最后以优秀的成绩毕业了。

她喜欢大量阅读，广泛汲取。书报、杂志，她都有阅读、浏览的兴趣和习惯。读书成了她生活的组成部分，成了她汲取生命营养，激活工作热情的源头活水。

她参加各类培训，拜师学艺。在静安区骨干教师培训班，拜毛宗范老师为师；在上海市优青培养和静安区名校长工作室培训，拜张雪龙校长为师；在静安区教育拔尖人才培训，拜上师大教育学院夏惠贤院长为师；在上海市名校长基地培训，拜卞松泉和蔡忠铭校长为师；在第一期长三角名校长培训，拜众多的教授专家为师。

她善于交流，广纳博收。无论是本区的、本市的，还是外省市的；无论是大校名校，还是普通学校，在各级各类的教育教学交流研讨活动中，她都谦虚有加，主动交流。她不仅走出去与全国各地的教育名家、校长、教师交流，还把校门打开、把教室门打开、把经验宝库之门打开，欢迎来自各方的同行前来观摩。她常说："我总是要求自己，在读懂别人的同时看清自己，在借鉴别人的同时充实自己，在实践尝试的同时突破自己。"

张敏给人最深刻的印象是她的谦虚好学，她总是能从身边形形色色的人身上看到他们的闪光点，她总是能在比较中发现自身的弱点和盲点，她总是能把别人的优秀经验迁移到自己的教学和管理工作中去。她给人最强烈的印象是她的勤奋思考，她的学习并不止步于对理论知识的生搬硬套，也不满足于对前辈教师的观察模仿，她在把各种隐性知识、显性知识内化于自身知识系统中时，不断思考着：这些知识的优势是什么，怎样使这些知识为己所用。乐学是成长的动力，而善学则是成长的加速器，张敏校长正是具备了这两个成长的根本因素，才能够脱颖而出，成为上海教育领航者。

（二）教学重教研

上海市教科院于 2008 年曾出版过一本很有影响力的书——《有思想的行动者——研究型教师成长案例研究》。这部书选取的典型人物有：语文特级教师，上海杨浦中学名誉校长于漪老师；儿童教育家，特级教师，江苏省中小学荣誉教授李吉林老师；上海市首批十大教育功臣，闸北八中的刘京海校长；上海市特级教师，全国劳动模范，上海市德育名师基地主持人黄静华老师等 19 位研究型教师。年轻的张敏校长则是其中的一位，还是当时小学入选的唯一人选。

一切结果的产生都有它内在的、必然的逻辑联系。张敏校长早在 1992 年 7 月，即在专家的指导下，开始与教师们走上了一条科研兴校之路。用 18 年的时间，先后实验了三个课题，即："学会参与研究""实践、研究、反思——研究型教师群体建设的实践研究""学会参与，主动发展——现代学校文化建设的实践研究"。通过边实践、边研究、边反思、边改进自己的实践行为，具有了研究的意识和能力，成为研究型教师、学习型领导，研究让他们终身受益。

张敏在课题研究中常常能总结自己的研究经验和方法。她知道课题研究第一要抓住课题研究的魂，围绕课题的目标，做到常思考，即用课题思想去指导每一节课；常对照，即对思想与行为，本阶段与上阶段要做比较；常修正，即丰富新的发现，去掉不切合实际的内容。第二要把住课题研究的脉络，就是要理清并把握课题的脉络，做到理思路，即理清课题的基本框架和线索；选实例，即选择最有价值的典型案例；寻问题，即追问为什么，发现新问题；找对策，即找出并比较，更有效的方法。

更为可贵的是，实践研究成了张敏工作的方式和习惯，而且她力图将这样的方式和习惯转化为全体教师的工作方式和习惯。她要通过课题研究带领教师走上实践研究之路，驶上成长发展的快车道。

（三）发展有规划

学校要制定发展规划，校长要有办学思路，已是许多年来的要求了，但真能制订一个切实可行，行之有效，科学而又现实的规划，不是容易做到的，真正把这件事自觉地、认真地去做，并作用于办学实践的校长目前还不是太多，而张敏校长做到了。

张敏校长到一中心小学不久，面对新的环境，新的起点，新的挑战，她广泛开展调研，多方听取意见，同时，主动走访退休教师和退休的校级领导，征求他们对学校发展的建议。在深入调研，集思广益以后，提出了"在传承基础上创新，在改革进程中发展"的学校发展的总体思路，确定了五个方面的重点工作：价值引领，让发展愿景成为共同追求；内外开放，让学校文化呈现多元精彩；弘扬正气，让专业发展成为自我需要；课程改革，让减负增效成为教育现实；打造品牌，让传统特色成为新的亮点。

不难看出，张校长对学校发展的思考和设计具有这样几个特点。一是结构比较完整，能注重分析与定位、理念与主题、方向与目标、框架与内容、策略与方法。二是把握比较准确，能力求处理好规划与计划的联系和区别、目标与指标的联系和区别、思路与思考的联系和区别、要点与重点的联系和区别、特色与特长的联系和区别。三是品质相对较高，能尽可能地让理念与内容融合、现状与发展结合、目标与行动切合、特点与特色吻合。四是程序比较规范，能很好地发动全体教师包括家长参与讨论、学校班子的反复研讨、聘请专家作论证引领。五是实施比较扎实，能关注规划与每学期学校计划和各部门工作计划联系起来，将工作总结与计划、规划的实施结合起来，自我评估与第三方评估结合起来。

如今，教育部颁布了校长专业的六项标准，第一条就是"规划学校发展"。张敏无疑是一位具有这样的专业水准和能力的校长。事实告诉我们，集思广益的谋划运筹，能让校长仰望星空，脚踏实地，不断地高明起来。

（四）管理抓关键

张敏作为校长，她尽可能地要让理念落地，让目标达成，让愿景实现，应该说这是校长办学能力和管理艺术的集中体现。这与她能以课程为载体，以课堂为支点，以教研为关键，以教师为根本，以管理为保障的运行策略分不开的。她认为学校教育改革的核心环节是课程，因此抓课程教学的改革；她认为课程改革的核心环节是课堂，因此抓教学教研的有效；她认为课堂教学的核心环节是教师，因此抓教师素养的提高；她认为，学校一切工作都要由管理来推进，因此抓学校管理的优化。总之，她能在系统中抓住关键，牵一发而动全身，尤其是能将这样的逻辑关系变为全体教师的认识和行动。

在静安一中心小学，张校长研究陈鹤琴先生"五指活动"理论，形成了"五指课程"的结构体系。将原先的健康活动、社会活动、科学活动、艺术活动、语文活动做了一定的修正和完善，形成了健康课程、社会课程、科学课程、艺术课程、阅读课程。而且将基础型课程、拓展型课程、探究型课程进行了分类和统整。整个课程体现了"活教育"的思想，服务于"现代小公民"的培养。

　　"一个人的历史是由自己的行动来书写的；一个人的地位是由自己的作为来奠定的；一个人的事业是由自己的奉献来铸就的；一个人的口碑是由自己的素养来赢得的。"张敏校长的成长历程不正是这句话的最好验证吗？

教师印象：

　　来到静安一中心第二天，我们一行四人被安排在年级组，随年级组备课组长许青老师和学科组长胡艳老师学习。刚到组里，正巧赶上了六位语文老师的集体备课。我们认真聆听并做了详细记录，从整个活动过程看，静安一中心的教学工作重视整体成效，她的理念是：个别老师的好成绩不代表学校成绩好，而整个年级、整个学校的最低成绩在哪里，哪里才是学校工作的重心所在，基于此，其集体备课的人人参与，群策群力就显示了团体共同发展，集体进步的导向性而不是流于形式。（集体备课工作框架：第一步一人主备，从学校资料库提取资料借鉴，写出书面教案做好课件；第二步，集体备课会，主备教师发言介绍思路，方法及具体内容，参会教师聆听并随时质疑，集体交流意见；第三步，形成最终教案；第四步，各班依教案上课；第五步，基于课堂实践，再次完善教案，存学校资源库。）在三周的共同生活中一中心三年级组的六位老师给我留下了深刻印象，她们的敬业爱生、团结协作、认真钻研、不断创新的工作态度和精神深深打动了我。想起秋风里范老师为我们拦出租车的热情；想起利用课间十分钟时间还在跟学生交流思想，顾不上喝一口水的许老师的敬业；想起区语文教师教研会上就作文教学研究课题侃侃而谈，让我们大受启发的胡老师的善思；想起虽退休返聘，但依然踏实工作，谈起自己的学校话语里满溢着上海人特有的自豪感和自信心的老教师的优雅；想起组织学生参观"南京路上好八连"军营时，与学生手拉手一起前行的年轻教师们的青春激情……我深深被这个充满工作热情，奋发向上的教师团队所感动。是啊，爱事业要爱得纯，爱学校要爱得深，爱学生要爱得真，爱同事要爱得诚。如今，静安区一中心的老师们以自己的行动、自己的作为、自己的奉献、自己的素养，赢得了我们这些远道而来的学习者的尊重。回味静安一中心学校，老师们的形象，怎么能不让我敬佩和学习呢？

课堂印象：

听模范教师的课堂教学是一周学习的核心内容，走进三年级 6 班教室，孩子们已经做好了上课前的准备，书桌上放着课本、文具，静待老师了，师生问好之后，徐老师开始讲课。《威尼斯的小艇》在人教版教材里出现在五年级，而沪版教材则出现在三年级第一学期的讲读课文中，作为一单元首课，三年级六位语文老师已集体备课，形成了最终教案。从徐老师这节课课堂模式看，老师的授课思路一直围绕课文中心内容展开，由重点词语中的重点字到重点词语；由重点语句中的重点词语到重点语句；由重点段落里的重点语句到重点段落，指导学习，环环紧扣，衔接自然，体现了老师对中年级阶段课标要求的准确把握和学习内容的合理分隔，自然融合。尤其是重点段落的指导朗读环节，老师的语言点拨，神态引领，都能看出作为一名模范语文教师扎实的语言表达功夫和循循善诱的职业素养。加之多媒体设备的先进，教室环境布置的温馨细致，以及学生作业本上工整的书写……处处体现出上海教育的精致。

三周的学习中，胡艳老师的作文教学研究一直令我敬佩，她的《在多样化语文实践中促进个性表达》的研究课题颇能引起我的兴趣。作为语文教师我们得明确两个基本规律：1. 读写结合是阅读教学的基本规律；2. 积累与表达结合是写作教学的基本规律。从胡艳老师的语文教学中我看到了她对教学规律的正确把握。

那么培养学生写作能力的有效途径是什么呢？

胡艳老师发现了"在阅读教学中随文学习语文相关知识，适度有效进行语言训练"这条有效途径。

这条有效途径怎么走？胡老师结合案例进行了详细的分析。

首先找准练点，搭设支架，读读、想想、说说、写写。

案例《一个小村庄的故事》

老师在领导学生初读文本后，结合重点语段学习，搭设培养学生写作能力的支架，进行读、思、说、写的能力练习。

第一步，结合语段学习进行表达练习。

出示语段：山谷中，早先有个美丽的小村庄。山上的森林郁郁葱葱，村前河水清澈见底，天空湛蓝深远，空气清新甜润。

学词，启发学生运用多种方法学习词语，清澈　见底　湛蓝　甜润，在理解词义的基础上用词练习。

请同学用刚学的词语搭配短语，这个环节将词义理解、词语积累和运用巧妙结合在一起（　　　　森林　　　　　河水　　　空气　　　天空）

第二步，结合篇章学习进行表达练习。

全文出示

山谷中，早先有个美丽的小村庄。山上的森林郁郁葱葱，村前河水清澈见底，天空湛蓝深远，空气清新甜润。

不知从什么时候起，家家有了锋利的斧头。谁家想盖房，谁家想造犁，就拎起斧头到山上去，把树木一棵一棵砍下来。就这样，山坡上出现了裸露的土地。

一年年，一代代，山坡上的树木不断减少，裸露的土地不断扩大……树木变成了一栋栋房子，变成了各式各样的工具，变成了应有尽有的家具，还有大量的树木随着屋顶冒出的炊烟消失在天空了。

然而，不知过了多少年，多少代，在一个雨水奇多的八月，大雨没喘气儿，一连下了五天五夜，到第六天黎明，雨才停下来。可是，小村庄，却被咆哮的洪水不知卷到了何处。

学习任务单

1. 联系上下文说话：谁家想盖房，谁家想造犁，谁家想_____，就抡起斧头到山上去，把树木一棵一棵砍下来。

2. 多方式引读：树木变成了一栋栋房子，变成了各式各样的工具，变成了应有尽有的家具，还有大量的树木随着屋顶冒出的炊烟消失在天空了。

3. 用上"因为……所以……"或"虽然……但是……"把小村庄消失的原因说清楚。

4. 根据课文内容填空

什么都没有了——所有靠斧头得到的一切，包括那些锋利的斧头。

（　　　　　　　　　　）没有了；

（　　　　　　　　　　）没有了；

（　　　　　　　　　　）没有了；

（　　　　　　　　　　　）也没有了；

一切的一切都没有了。

5. 按图的提示说一说（出示图片和表达提示）

早先，（　　　　　　　　）不知从什么时候起，（　　　　　　　　）一年年，一代代（　　　　）不知过了多少年，多少代，在一个雨水奇多的八月，（　　　　　　　）……

从这个教学案例中我们得到如下启示：

1. 掌握构段特点，积累段落。

2. 发现句子特点，抓住关键词语，活用课文语言，积累句子。

3. 引导发现行文线索，尝试详细复述。

从胡老师这个阅读课文的教学案例中，我们不难看到，老师在利用阅读教学从多个角度，分步对学生的表达能力进行梯度训练，把阅读教学和作文教学无痕嫁接，在多样化语文实践中促进学生的个性表达。

在《新型电影》一课的授课案例中，从课前预习、文本初读、学习任务的次第完成，我们都会自然总结出，胡老师在阅读教学中，注重引导学生观察，让学生自己发现表达特点，重视读读、画画、说说的积累性练习，让学生在不断积累中学习表达。

在《海底世界》一课的授课案例中，我们看到的是胡老师想方设法引导想象，让表达丰富；不遗余力方法迁移，使学用统一；课内课外，一以贯之，能形成链条；调动各项综合探究，来促进表达……

在《镇定的女主人》一课的授课案例中，我们能够清晰地整理出胡老师积极引导学生联系上下文，提取关键信息，发挥合理想象，进行准确表达的能力训练痕迹。

在《雨后》一课的授课案例中，三段学习任务单，清晰展示出了老师对于诗歌类文本如何培养学生个性表达的想法和做法：1. 引导想象，变换文体，把课文中抽象的概念形象化，把笼统省略的情节明朗化；2. 角色换位或移植生活体验，把文字读成画面，丰富内涵，进行表达。

从阅读教学实践的多样化训练，到课外活动的有效拓展，到整合作文教材，实践轻松表达，胡老师的语文教学实现了阅读课随文学方法（将写作提示中的几条要求分步骤在阅读教学中进行先期渗透。）课外活动，亲身体验学观察，积累材料；写作课练"实战"——引以范文（充分发挥课文返利的作用）按具体习作要求进行重组、修改和再创作，这一有效途径的流畅通行。其"语言实践活动设计从精准的学情分析开始；从预习到上课到作业设计，对落实重点目标一以贯之；分层设计，促进有效学习"的基本策略和"仿一仿——仿句式训练表达；变一变：创设情境活用课文语言训练表达；想一想：运用课外资源，调动生活积累训练表达；整一整：整合作文教材训练表达"的基本方法无不体现了胡老师以及静安区一中心小学语文教师们这个教育团队"依据目标，立足文本，单项、综合相结合，开展语言实践；目中有标，心中有人，手中有法，评价有度，促进表达"的作文教学工作思路。从作文课上学生们的踊跃参与，丰富多彩的个性表达，以及学生作文本上充满童真童趣的习作都让我深深体会到胡老师以及静安区一中心小学语文教师们这个教育团队强大的教学能力和以学生为本，一切为了学生发展而不断付出努力的敬业精神。

静安回顾：

参加海峡两岸教育教学学术交流活动中，聆听两岸专家学者们的报告，一面认真做着笔记，一直坚持多年的边听边记笔记的学习习惯，让我能够忘记了周围的一切，全身心投入到对报告内容的理解中来，尽管如此用心，专家们凌厉的语言，密集的逻辑推理仍然让我的大脑疲于接受，没有空隙来咀嚼消化。当主持人宣布最后一场报告结束的时候，我才意识到自己已经连续听完了十几位专家的精彩报告，分享了一次又一次犀利又幽默的点评。掩卷未及思，所有的接受都有待慢慢地回味，所有的思考都有待逐渐的明晰。当夜晚来临，还是舍不得匆忙定义什么，就像一只正在做冬储的小松鼠，把自己的收获都悄悄储藏，只待以后的日子里慢慢分享。盘旋在脑际的只是反复出现的一句话：是静安一中心这棵梧桐树为我们引来了学术前沿的金凤凰！

结束了为期三周的深入年级组挂职锻炼活动，离开上海，离开静安区一中心小学，在脑海里不断翻页的是静安区一中心宁静优美的校园环境；是小公民楼传承的"一切为儿童"的陈鹤琴精神；是"健体、生存、发现、欣赏、表达、合作"的现代教育理念；是"学校、学生、教师、家长一起成长"的和谐管理措施；是"形成学习动力，达成学业水平，减轻学习负担"的绿色指标体系；是海峡两岸教育教学学术交流活动中两岸学者前沿教育思想的强烈撞击……21 天的学习历程，对于渴望得到新思想启迪的我们来说，时间过得极快，然而一直徜徉于心的是静安一中心美丽的校园，琅琅书声中孩子们可爱的笑脸，老师们美丽的身影，都如润物春雨，倾洒心田，"静水流深"也许这个词语用来形容我对静安区一中心小学的印象，用来形容静安一中心老师们，或者静安一中心校长张敏，再合适不过吧。

第四章　教师成长

素以为绚，教师素质重培养

为进一步开阔未来教育家奠基工程三期学员视野，更好地吸纳先进教育理念，丰厚学养，"天津市未来教育家奠基工程"为我们安排了本次南京教育考察活动。我随小学组学员一行31人，在南京市琅琊路小学、夫子庙小学参观学习，并聆听了江苏省教育科学研究院杨九俊副院长、研究员彭钢主任的教育专题报告。本次南京学访时间紧凑，内容丰富，在感动于南京先进教育思想，办学理念之余，陷入深深思索：什么是优秀的学校管理？教师素质究竟该如何培养？学校文化又能怎样塑造？

一、人在中央：小主人教育思想下的琅小管理

17日上午，我们来到南京市琅琊路小学参观学访，受到戚韵东校长及琅小师生的热情欢迎，校方为远道而来的天津同仁安排了校情介绍、课堂观摩、互动研讨、校园考察等环节。走进琅小，走进琅小课堂，走近琅小师生，我们感受到这所有着百年历史的古都名校，扑面而

来的现代气息，"好奇、乐学、自主、自律、创新、合群"的小主人教育范式；"人在中央"的管理理念；学生学做"集体的小主人、学习的小主人、生活的小主人"的培养目标；"放飞小主人教育理想、浸润小主人快乐童年"的共同愿景；"每个人都很重要！每个人都能成长！每个人都会给学校（班级）带来变化！"的核心价值观；"快乐做主人"的核心理念无不彰显着这所百年名校所具有的国际视野、富含儿童特点、体现自主精神、彰显师生个性的现代化品牌学校的活力。从校本课程琅琊浓荫，到师生快乐做主人的范式研究；从快乐阅读，到自主探究课堂，到芝麻开门科学节；从小主人智囊团到民俗文化节，到小公民实践，无不围绕着"人在中央"的管理理念。三节观摩课，从课堂设计到课堂训练，琅小"小主人教育理念"贯穿始终。

走出琅琊浓荫，我不禁自问管理是什么？怎样才能出色做好学校管理？琅琊路小学"小主人教育"思想下的学校管理模式让我走进一个开放的视野，从不同的，但都是崭新的视角上去审视教育管理，让管理有了更科学的内涵外延：管理是舞台，不需要有太多的约束，只要为每个人搭建成长的舞台；管理就是建设一个每个人都能参与的合作体；管理是你可以放心地醉心于自己想做的事；管理是有人发现你自己还没有意识到的智慧；管理是有人欣赏你还不够完美的尝试；管理是服务，管理是创造机会；管理就是让自己的话化作众人的话。"自己的话是一种抽象的聚焦，众人的话则是丰富的呈现，而对于老师和孩子们而言，一朵具体的花胜过一千种关于花的描述。"戚韵东校长的话让我们深切感受到优秀的管理应该如空气一样，弥漫在我们的四周，我们也许感觉不到他的存在，但时时能得到他的滋养。

二、素以为绚：自主发展成名师

17 日下午，聆听江苏省教育科学研究院杨九俊副院长《名师的成长》专题报告。杨院长就"何为名师""自主发展成名师"两个中心议题为大家做了生动阐释。尤其"自主发展成名师"的话题引起了学员们的极大兴趣。从杨院长的讲座中，我领悟到要成长为名师，首先要把"做名师"作为毕生追求的事业，对"做名师"的内在价值认同，有视教育为神圣事业的宗教般情感。其次，做好观摩借鉴，反思提升。不仅追求教学技术的规范性，做到一丝不苟做教育，更要知道从模仿始但不以模仿终，能从借鉴走向创新，能够基于标准、源自心灵、站稳课堂，同时不断反思，让思维向四面八方打开，使课堂走向有规则的自由。杨院长旁征博引，理论确凿，案例生动，为未来教育家成长提供了理论指导和实践引领。

讲到名师的教育机智，杨院长的精彩演绎给学员们留下了深刻印象。我们都知道所谓教育机智是教师在教育、教学过程中的一种特殊定向能力，是指教师对学生活动的敏感性，能根据学生新的特别是意外的情况，迅速而正确地做出判断，随机应变地及时采取恰当而有效的教育措施，解决问题的能力是教师良好的综合素质和修养的外在表现。能否灵活运用教育机智，体现着教师的素养。杨院长讲："教育机智就是一种素质而非个别事件。"我们都知道关于甘地扔掉草鞋的小故事，他把个人损失的情境转化为他人获得的情境。这个小故事表现出的固然是甘地悲悯的情怀，但更多地提醒我们的是为师的基本素质。

《论语》云：素以为绚兮。意思是说最本质的表现才是最绚烂的。由此可见教师素质培养的重要性。一堂好课有不可操纵性，它在进行中自我定位，自动选择脉络走向，参与者互相映照，实现发展，在这个过程中教育机智应该无处不在，而把握教育机智的前提条件就是提高教师素养。这种新的教育教学理念让我们意识到培养个人素质的重要，要成长为一名名师，一位未来教育家，不仅意味着锤炼技艺，培养爱心，更意味着要经历心灵的历练和沉淀，对于一位教育家来说博大精深不只是知识层面，更是精神层面的包容与涵养。

三、亲仁尚礼：传统传承中的夫小学校文化

18日上午我们三期学员小学组赴南京市夫子庙小学学访，受到夫子庙小学刘红校长以及夫小师生的热情欢迎，走进夫子庙小学校园，扑面而来的是这所百年名校所传承下来的文化气息，夫子庙小学坐落在风光旖旎的秦淮河畔，就夫子庙学宫而建，校园古朴清幽、清新淡雅，是全国唯一一所以夫子命名的学校。

按照学校安排，我们考察了夫小校园；聆听了夫小校领导对学校的介绍；分学科参与了课堂教学观摩；与授课教师就"课堂教学理念，学校文化建构"进行了互动研讨。

参观夫小校园，聆听了刘红校长题为《建构以孔子教育思想为特色的学校文化》的报告，"文化夫小"的形象深深留在了我们每一位三期学员心里。刘红校长为我们详细解读了夫小文化形成的历史过程，从"知止后定，返本开新"的文化运思到"择善而从，思行结合"的文化建构；从"亲仁尚礼，志学善艺"的文化脉络到"切问近思和而不同"的文化自觉，一代代夫小人的努力探索，成就了今天的夫小文化。

尤其令我们耳目一新的是夫小对"亲仁尚礼，志学善艺"这一文化脉络的精心梳理。围绕"亲仁尚礼，志学善艺"这一文化脉络，学校开展了"星星论语课程群"活动，在《星星论语课程表》里我们发现了这些颇具传统特色又浸润时尚气息的活动课——开笔礼、状元礼、成童礼。这些活动自觉传承着我们中华民族延续千年的尚礼教育，其"我爱问""我想问""我会问""我明白了""我做过了""我发现了""我改变了""我进步了""我还要学"……多样化乐学课堂模式充分体现了学生自主发展、健康发展理念。青年教师博学坊、骨干教师思辨苑、名特优教师聚星轩、孔子书院等特色建设更是对亲仁——追求乐学

的境界；尚礼——追求道德的完善；志学——追求博学的智慧；善艺——追求体验的快乐这一文化理念的形象诠释。

中国传统文化源远流长，夫小的学校文化建设也历经了百年探索。夫小的学校文化，总结着过去，说明着现在，影响着未来。夫小的历史和传统，是夫子庙小学镌刻在所有夫小人心灵深处的文化记忆。让我们祝福夫小，祝福夫小人，愿夫小文化，历久弥新！

四、学习成长：学校文化建设的实践与思考

18 日下午，聆听江苏省教育科学研究院研究员彭钢主任的讲座《学校文化建设的实践与思考》。彭主任从学校文化与学校发展；学校文化的核心理念；学校文化与课程文化；学校文化与教师发展；学校文化与学校传统等几个方面，阐述了对学校文化建设的实践与思考。彭教授以台北秀朗国小的轻松课堂，台北成渊高中的精致化管理，台中大里高中爱的文化为例证，告诉我们，学校文化早已完全超越精神文化、物质文化和制度文化的三维框架，它以精神力统领，重建学校的教育哲学和办学理念，明晰学校的未来发展和共同愿景；以执行力统领，重建学校的行为文化、组织文化和制度文化，侧重从学校内部形成整体力量，提升办学效能；以形象力统领，重建学校的物质文化、环境文化和社会互动，侧重从外部形成学校的社会影响和社会声誉，提升学校为社会服务的良好社会形象。学校文化建设的核心价值观是以人的发展为本，要求我们建设一种人本的、人性的、人文的学校文化。尤其谈到学校文化与教师发展问题，更是我们三期学员应该格外关注的内容，其基本观点是：学校发展要求形成学校相应的文化行为，一种作为日常生活方式的教师群体学习行为，即学习型文化，学习型文化与教师群体发展水平紧密相关。彭教授以《上海北郊学校的学校文化与教师基本气质》为例提出了在学校文化建设中教师的四种基本气质：一是德行，二是教养，

三是敬畏态度，四是思索的习惯。并重点论述了"学习型文化与教师群体发展"这一中心话题，给我们极大警示：教师需要学习，需要不断学习，终身学习，融入学习型文化。我们知道学习型文化是学校的公共文化，需要最为广泛的教师参与、实践、创造和共享；学习型文化应具有杜威所说的能动、自塑与变革的性质，是教师群体作为能动主体对自身的重塑，以促进学校的发展和变革；我们作为未来教育家奠基工程学员，更应该走在广大教师的前列，积极参与到学习型文化的建设中，形成自主积极的学习行为，把学习内化成为一种日常生活方式和习惯，引导整个教师队伍走向学习型文化，成为学习型教师，使教师群体实现整体性的、高品质的、可持续的发展。

回顾南京教育考察全过程，不论是课堂观摩，互动研讨，还是校园参观，专家讲座，我都能做到积极参与，认真学习，用心思考，本次南京之行虽然时间紧，但是收获多，感谢工程办为我们安排了本次南京教育考察活动，使我有机会进一步开阔视野，更好地吸纳先进教育理念，观摩学习优秀的教育教学模式，为未来成长奠定基础。

广泛学习，奠基未来成长路

2013 年 7 月，对我来说，是一段不平凡的日子——21 天封闭学习，34 场专题报告，34 位专家，105 名学员——未来教育家奠基工程三期学员集中培训学习让我经历了一场思想上的"豪门盛宴"，也带给我对教师未来发展的重新认知和深入思考。

一、理念积淀
聆听教育部张力主任讲《我国教育改革发展的宏观形势和政策方

向》，全面领会了党的十八大报告的重大教育部署，引发了我们对办人民满意教育的若干思考。

聆听原市教委刘长兴主任讲《我国教育改革发展的形式与政策方向》，讲座在开篇就提出我国教育改革发展的正确方向就是促进教育事业的科学发展——以人为本，全面协调可持续发展。刘主任用了三个半小时的时间为我们解读《国家中长期教育发展纲要》，从不同方面为我们分析当前教育形式，解读国家教育改革方针政策，并对我们提出殷切希望，要求我们了解国家教育政策，阅读教育理论，做好教育实践，并从实践出发做教育研究。

聆听教育部发展研究中心专家咨询委员会研究员周满生主任的报告《基础教育国际化的思考与实践探索》。明确了"如何让学生突破狭窄学习环境的定式，开拓基础教育国际化视野，引导学生关注自然、关注生活、关注社会"这一时代问题。

北京小学原校长吴国通先生的教育思想也给了我们很大启发，他旁征博引论现代教育，既剖析了现代教育存在的种种问题，又明晰了现代教育发展的博大空间。教育回归民生，发展回归师本，把学习的权利还给学生，把教学的主动权还给教师。"我终于理解一个民族、一个国家的前途，并不掌握在政治人物的手里，而是掌握在培育孩子的父母和老师手里！"吴先生的话，给了我作为一名教育工作者的自豪更使我感受到肩头不可推卸的社会责任。

从传统文化中汲取教育营养，从现代世界教育趋势中探寻教育改革与发展的路径，从实际工作中发现问题、解决问题，反思今天的教育问题成为了专家们最想传递给我们的信息。这是聆听北京师范大学于述胜教授《素质教育——文化复兴——经典研读》报告的深刻体会。于教授基于中国文化来阐释自己的观点。由此，我们可以看出，中国文化作为一种源远流长数千年的文明，有其自身无可替代的优势，是世界文化的重要构成，我们教师应根植这片沃土，挖掘其精髓，使其焕发与现代社会相适应的新的生机，我们要构建中国特色教育，以此来助推中华民族的复兴，实现我们的中国教育梦。

案例丰富、视野广阔、说理透彻、专业性强是与会老师们对清华大学教育研究员史静寰教授的讲座《全球化背景下中国基础教育改革与发展》的整体印象。史教授开篇讲了两个案例，一个是苏世民学者项目，一个是MOOC时代的教育，给大家展示了一个新教育时代——大数据时代的到来，和新教育时代下教育应有的全球化视野和中国范式思考。

......

专家们的讲座解读了国家的教育政策及规划纲要，分析了当前我们面临的教育现状，从宏观上阐释了在当今全球化背景下，我们的教育走向与趋势。"我能为中国教育做些什么？"答案只有一个，那就是把握正确的政治方向，明确自己的历史使命，坚定不移地走教师成长之路。

二、形成反思

脚步达不到的地方，眼光可以达到；眼光达不到的地方，思想可以达到。思想指导实践。一场场密集的报告之后，引发我们一场场头脑风暴，我觉得最重要的是它带给我们的这些反思。培训中，每位教育专家睿智、明确的教育思想，尊重人性的教育理念，卓尔不群的教育风格和人格深深触动了我，使我静下心来思考：当今教育到底需要什么样的教师？

（一）教育需要敬业型教师

敬即敬爱：教育之爱应该是多层面的，是从感性到理性再到知性过渡的爱。用包容的心梳理感性的爱；用智慧的光照亮理性的爱；用文化的风吹拂知性的爱。没有爱就没有教育，没有爱的升华，就没有教育的发展。业即专业，对自己的工作领域有丰富的知识和深刻的理解。记得读师范时，我有一位教小学数学教法的老师，他的一句话让我铭记并践行了25年：那就是一个人，不论做什么，都得在专业上站得住脚。学习期间与大家交流中最深体会也是这种不可替代的专业性如何持续的问题。很欣赏曾国藩在做事态度上的一句话："战战兢兢、如履薄冰"。教育就是国家大事，每件事都需要我们以谨慎认真的态度对待，几十年如一日，虽位卑而不敢忘忧国。

（二）教育需要创新型教师

教育创新需要勇气与智慧，更需要底蕴——即要求教师博学多才，他们能够站在文化视角看教育，文科的老师能给学生更多的科学精神，理科老师能带给学生更多人文素养。现代社会是一个开放的社会，封闭不会引发创新，不会引起思维的开放，人格的开放能够互相启迪，求异求新。创新型教师善于沟通，爱好交流与学习，具有多维的价值观、开放的人格。具有开放性人格特征的教师才会培养学生的开放性和创造性。

（三）教育需要研究型教师

教材的使用和教材的开发；教学过程和学习方式，课堂教学操作的最优化选择；教学过程中出现的问题及其处理方法……都是值得我们不断实践研究的课题，只有经过我们的教学研究才能践行高效教学的理想。李克强总理曾说到国民经济发展中的人口红利已经达到饱和，那么我们教育教学领域"学习时间"红利也是一样趋于饱和。建设高效课堂，减少低效，杜绝无效课堂是我们教委课堂改革的工作目标，为我们一线教师指明了研究方向，"构建高效数学课堂""高效英语课堂模式建构"是我们一小正在做的两个课题，通过课题研究培养教师研究意识，走理论与实践相互结合的发展之路已成为我们教师成长的核心动力。

（四）教育需要合作型教师

学生合作学习是当代世界教育趋势，教师合作教学理应成为当代教师的基本要求。首先善于与学生合作，教师要放下架子，"先做学生，后做先生"，虚心了解和对待学生；其次与同行合作，通过彼此互相交流学习，形成正确的教学经验，掌握恰当的教学方法，少走弯路；再次，学会与家长合作，教育是一项学校与家庭共同的事业，只有教师积极地与家长合作，家长和教师共同努力才能取得更好的效果。

（五）教育需要学习型教师

在地方教研网上看到过这样一篇文章，文中列举了教师专业素养的严峻现实：教师"教书"但不"读书"；教师"教写"但不"会写"；教师"研考"但不"研修"。这些现象给我们提出了一个严峻的问题就是教师学习。自己的知识结构是否合理，多年来教学方法上是否有所改进，教学效率是否有所提高，个人是否认识到指导教学的理论修养方面的欠缺，等等。只要教师常常做如此思考，就会形成重新启动学习的动力，勤读多思才是学习型教师的基本特征。"见素抱朴、少私寡欲、绝学无忧"是老子提出的治国的三项具体措施，也应该是我们今天的为师者之风。

三、助力教研

作为一名一线教师，虽然每天都要接触学生、课堂、教材、教法，每天都处在教与学的关系，师与生的关系，课堂与授课的关系，教材与教法的关系，课程与生本的关系等关系中，虽有着比较丰富的教学实践经验和教育智慧，但是缺乏科研意识，不能在教育教学工作中自觉进行教研研究，拿到一个教研课题不知怎么开展教研工作，常常把教育科研看得非常神秘，高不可及，对研究课题有畏难心理。

其实教育科研与教育教学如影随形就在我们所从事的教育教学实践

中，只有正视教科研的存在，像热爱教学实践工作一样，热爱教科研工作，我们的教育生命之树才会常青。21 天的专家讲座，把课题意识更明确地传递给我们，把教科研精神更明确地传递给我们。

怎么从身边的教学实践中发现问题，筛选问题，确立研究课题？怎么在实践中做课题研究？几位专家就这些具体问题从具体案例入手为我们做了详细的阐释，引领我们寻找课题的切入点。

专家报告引领我们找到与自己实践相结合的点进行研究。比如，学校课程的变革。校本课程给我们提供了最丰富多彩的课程空间，我们的学校有哪些地方特色？针对这些特色可以开设哪些校本课程？开设这些课程的意义有哪些？优势有哪些？预期目标是什么？过程怎样设置？预期结果怎样？有没有风险？风险有多大？怎么运作？谁来运作？可能出现的问题是什么？补救措施是什么？……学校校本课程建设就成为了我们的一个研究课题，加强校本课程建设是一个创新的空间，在研究的过程中我们可以随时修改、变革、补充，俗话说"船小好调头"，这样的小型课题既贴近我们的学校工作，与我们的教育实践紧密结合，又具有很大的创新空间，不同的地区学校都会赋予它不同内容。这不是很好的课题切入点吗？

"山重水复疑无路，柳暗花明又一村。"这次学习，让我深切体会到专家引领的力量，作为一名实践工作者，实践经验是我们成长的优势，经验类知识我们很丰富，缺乏的是策略类知识，策略类知识的获得不是传递，而是唤醒。21 天的学习，唤醒了我对理论引领的迫切需要，唤醒了我对教科研工作的正确认识和理解；也唤醒了我积极寻找课题突破固有教学方法的迫切需要，相信有了需要就有了动力，有了方向就会找到过程和方法，相信教育科研在我们这些一线教师的成长中越来越成为不可或缺的一部分。

四、找到支点

专家的教育思想启发我从理论的高度反思自己的教研工作，发现不足、总结经验教训，也为未来学校教研工作之路怎么走，积极寻找突破口。

浙江教育厅教研室张丰主任《校本研究的实践嬗变》的讲座中讲到从"对话中心课堂到任务中心课堂"的研究，还有对教师研修活动的相关案例的思考都给我很大的启发。例如，体验考试（解答学生试卷，解读学生试卷）这项教研活动的案例，体验考试这项教研活动以实践任务为中心展开，辅以目标预期，对象分析等环节突出了教师之间体验与体验的交流，使策略生成的结果自然生成，取得水到渠成的效果。我更加明确了成年人的学习应该以体验和反思为主要方式，任务是中心，老师是主体，作为教研活动的组织者，我们要做的只是引导、帮助。

这一案例给我的教研组织活动打开了一条以"任务为中心，人人参与成为活动主角"的基础教研活动的思路通道，今后我们教科研之路怎么走，怎么走才能更有效，更能调动起老师们的积极性，我找到了一个实践突破口。

聆听上海师范大学国际教育研究中心张民选教授讲《自信与自省——上海PISA2009结果与基础教育发展》讲座，张民选教授讲到上海市基础教育成功时提到了学校基础教研工作，谈到教研组的设立促进了学校教研工作的广泛开展，这就是学习共同体意识及运用，在集体教研中解决了教学中的实际问题，如集体备课，听课评课反思对年轻老师的成长起到了非常好的促进作用，而国外的教师却没有这个平台。我们的基础教研工作的作用重大，让我感到自己的教科室教研工作的意义和责任，联想到我们学校教科室每学期都在扎扎实实地安排集体备课，青年教师研究课标、优秀教师示范课，分组评课，教学反思，微格教学活动等一系列基础教研活动，多角度地给青年教师提供成长平台，确实起到了培养青年教师，提高全校教师教育积极性的作用。从专家的思想中找到了自己工作的支撑，张民选教授的讲座给了我继续做好学校基础教研工作的自信。

回顾 21 天的学习生活，心中充满收获的幸福，国际理解教育、苏世民学者（Schwarzman Scholar）项目、MOOC 时代的大学教育、edX（免费在线教育平台）不再是陌生的词汇，而是作为一种教育趋势很快地进入我们的视野，21 天的学习，我们收获的不仅是知识，更是视野、理念和信心。我把参加未来教育家奠基工程看作是一次学习、提高的过程，怀着学习的心来，带着学习的收获而归，心里充满喜悦。有个经典的引喻，讲到鸡蛋打破的两种力量：一种是外物打开，结果是鸡蛋变成人口中的食物；另一种是鸡蛋打破自己，结果诞生的是一条生命。人的成长也如此，教育是一个神圣的事业。"高山仰止，景行景止。"在未来的成长之路我将努力前行，虽不能至但心向往之。

心有阳光，于寻常处不寻常

耀华中学于洁、蓟州区刘庆利、天津 45 中教师李建卓，这是三位普通老师的名字，然而在未来教育家奠基工程三期学员集中培训学习这近 20 天的接触与了解中，我深切地感受到他们身上散发出的对于教育事业的热情和对未来成长的乐观和自信。感动之余，写下了下面的文字与大家共勉。

一、心有多大舞台就有多大

在 21 天的培训期间，我和耀华中学的于洁老师同室。于老师衣着朴素，态度爽朗自然，我们每天课余饭后都聊得很投机，谈到耀华的办学思想：惟忠惟诚，尚朴尚勤；谈到于老师以上课为乐趣，把上课作为自己启智育才的阵地而其乐无穷；谈到她对教育教学工作的理解……于老师讲起她同事的一件轶事，让我非常受启发。

事情是这样的：

  一次同年级考试，阅卷结束后，同组几位老师在一起讨论试卷情况，气氛越来越热烈，一位年轻老师对这份卷颇有不满，言辞激烈地对试卷予以批判，甚至对出卷人也做了毫不留情地抨击。可这位老师不知道，出题人恰恰就坐在办公室里，一直在聆听大家的讨论，知情的老师也不好意思提醒年轻老师这一点，所以等年轻老师一阵"炮轰"之后，办公室里突然静了下来，静得让人尴尬，甚至不安，知情的老师都预感到也许惊雷之后，有一场暴风雨要来。

  于老师讲完后问我："假如你是那位出题的老师，你会怎么做？"

  "我会怎么做？我一定会很尴尬，下面是我的两种做法：一、满腹委屈，愤然离席，回家还可能大哭一场；二、说出对这份试卷的客观分析，但不说明是自己出的题，这样可避免自己过于尴尬。"

  于老师又问，你猜这位老师会怎么做？我说，我猜她会非常激动，逐题解释出题目的和预期效果，对"敌人"予以猛烈还击，或者还会因为过度激动而语无伦次。于老师说："不，这位老师一直在认真听，这时候站起来走到那位年轻老师身边平静地说：'谢谢你，这份卷子是我出的题，刚才听了你的意见很受启发，我已记录下来，你还有什么建议或者意见，请告诉我，我记下来，以后出题的时候做参考。'""那发难的年轻老师呢?"我问。

于老师回答:"年轻老师一下脸红到脖子，无语瞠目良久。"

"真了不起! 这位老师有如此心胸! 我非常佩服。"我说。

"这件事对我启发非常大，它改变了我待人做事的态度。那就是坚持自己，宠辱不惊。"于老师说。

对她的说法我也一样深有感触，其实我们激动、气愤等等情绪的出现源于我们自身的修养不够，如果能悦纳自己，就一定会包容别人，其实悦纳和包容不正是我们内心强大，充满自信的表现吗?

后来我问于老师，之后和年轻老师相处得怎么样，于老师笑着说，关系很好的同事。

不计得失，做好自己，有心胸才会有舞台，心有多大舞台就有多大。21天的朝夕相处中，于老师的善思和忠恳深深打动着我，更打动我的是耀华人的视野和胸襟，我曾经开玩笑的对于洁老师说，于老师您代表了耀华精神。惟忠惟诚，尚朴尚勤，这是耀华的校训，于洁老师不正是这一校训的形象阐释吗?

二、做学生生命中的贵人

这是一幅五年级学生的命题画，题目是《我心目中的老师》，画面中老师一手托着知识蛋糕，一手托着公平秤，老师的脸是温暖的太阳，胸中是宽阔的大海，老师带来的是象征知识的课本、课外书，象征现代科学的电脑，象征国际视野的地球仪，从这幅图画里我们可以看到老师在孩子心目中是关爱、温暖、知识、公平的化身，是心有阳光，胸怀大海的智者，是孩子健康成长的引路人。

做学生生命中的贵人，这种说法，很早就有人提过。但真正付诸实践的人却不多。我们可以用我们的教育智慧、教育情思，扶持、培育和我们有缘相遇的幼苗，使它们都可以在适合自己的土壤中，长成参天大树。在百名学员中，有一个年轻老师，他身材单薄，衣着朴素，他叫刘庆利，是蓟县山区的一名教师。听人介绍，他被推荐为 2013 最美乡村教师。因为这个缘故我开始关注他的博客，读他的博文，除了和我们大家一样的授课经历，教学体会之外，我没有读到什么震撼心灵的特殊事迹，但是他的题为《做学生生命中的贵人》的博文吸引了我，从字里行间，我看到了一个优秀教师的操守，我把这篇博文摘录了下来与大家分享。

《做学生生命中的贵人》

1. 在责任感的驱使下，我要一切为了学生。

责任感是教育的生命。有责任感的教师才可能成为一个优秀的教师，才能成为一个优秀的班主任。

2. 用称赞让学生体验到为人的价值。

想毁灭一个孩子吗？去否定他；想成就一个孩子吗？去表扬他。据调查，在美国家庭，平复一个批评需要 5 次表扬，而在中国家庭，平复一个批评需要 9 次表扬。人都是要向善的，蓦然发现自己居然如此受人重视，心中的窃喜不言而喻，同时也会为自己的过错而深感羞愧。

3. 用以身作则来影响孩子。

我深知，教育学生做到的，自己一定要做到。教师的以身作则带来的不仅是学生会学习老师如何来做，更重要的是他们从老师的身上看到了榜样，从心底里敬佩教师，而这种敬佩会化作各种力量融入他的身体，带给你惊喜的变化。

4. 不放弃任何一个学生。

心中坚信，利用加德纳的"多元智能理论"，每一个孩子都能教育好，所以成绩上的差生都能成为合格生，每个学生都能成为某方面，哪怕是极小方面的特长生。

刘老师在结尾处这样写道：

我是一个心田的守望者，我一定会守住自己内心的一亩三分田，继而去守住学生内心欢乐而圣洁的心田，去做一个学生生命中的贵人。

三、我们非常需要思维方法

我们可以听到许多教师慨叹："现在的学生都不会学习了，教都不好好学、自学就更谈不上"。可反思我们在教学过程中一味赶进度、多练习，又何尝教学生如何思维，更没有给学生足够的实践思维方法的时间。有鉴于此，刚刚结束的这个学期我开设了一门校本课程——好的思维方法让你受益一生。本课程想通过案例法、对比法介绍几种比较常用的思维方法，引导学生关注自己的思维习惯，调整思维习惯。从近的方面讲促进学生形成良好的学习策略，从远的方面讲能受益一生。

关于思维方法的训练网上有许多案例可以参考，但备课中最大的困难是举出我自己使用思维方法解决问题的实例。上课过程中学生们听我举经典例子时都兴趣盎然，做思维方法习题时也跃跃欲试，但是到了"思考并举出一个你采用 X X 思维的例子"这个环节时就都想不起来了。从我与学生共同的难点中我感觉到是因为我们缺乏有意识运用思维方法的习惯。

以上这篇短文是培训中与我同桌 21 天的学员天津 45 中教师李建卓的一篇博文。从这篇博文中我们看到的是一个在实践中思考，在思考中前行的智慧型老师形象。学习期间，李老师课上积极听讲只要有机会就会把自己的问题提给授课专家，不避锋芒；课下和同学们探讨也是优化课堂、师生互动等实践问题，态度专注认真，全然没有二十余年从事平凡工作的疲倦与怠惰。记得前几年看热播韩剧《大长今》里有这样一句台词：成功需要的是单纯和热情。是的，心无杂念，永远热情是我们做教学工作的一双隐形翅膀。

三件小事诠释三种不一样的精彩，在写这三件小事时，我也看到了自己的影子，其实我今天要给大家讲的是别人的事迹，但是这些事迹里所彰显出的精神也真实地存在于我们自己身上，所以这些事更令我格外感动。记得上师范的时候曾经参加保定地区校际师范生演讲比赛，给的题目是《位卑未敢忘忧国》，二十余年的教师生涯中我深深体会着这句话，在老师们身上实实在在地看到这种精神，所以，虽然有疲惫，我还是想说，我们平凡，但平凡的踏踏实实，我们幸福，也幸福的实实在在。

幸福之道，教师成长学做研

当代教育家朱永新老师对教育之于教师的关系曾有这样的评价：享受教育，你就多了一双发现的眼睛；享受教育，你就多了一份快乐的心情；享受教育，你就多了一股创造的激情；享受教育，你就多了一种生活的诗意……的确，捧读陈自鹏博士的教育论著《教师幸福追求之道》感悟其成长之路，领悟一位教育工作者博爱的襟怀、飞扬的激情、不尽的快乐，同时也由衷感佩陈博士在教师成长之路上给我们每个教育工作者在学、做、研各方面所积累的经验、凝聚的智慧、形成的思想、做出的示范。

一、学习

一个教师的专业成长究竟是沿循着怎样的一个路径呢？或者说要经历哪几个阶段呢？陈博士在他的《教师幸福追求之道》一书中做出了明确的界定。

如果说教师专业成长是教师专业知识增进，专业技能提升，专业思想成熟过程的话，那么教师专业成长应该经历经师、人师、明师和名师四个阶段。经师心中有经典；人师心中有学生；明师心中有悟道；名师心中有远方，专业影响应该更深远。要达到这些要求，不是一蹴而就的事，需要教师长期持续不断地努力。

陈博士在《教师幸福追求之道》一书中详细地谈到了教师成长的第一步——教师的"四学"。第一，要向书本学习。教师向书本学习，不仅要学习本专业知识，要学习教育理论知识，还要学习相关专业知识。第二，要向他人学习。"三人行，必有我师焉"，我们有很多朋友、同事、领导在某一方面或闻道在先，或术业专攻，他们是我们学习的榜样。第三，要向实践学习。教师要注意向教育实践、教学实践、教研实践、教改实践学习，发现自己的不足、明确努力的方向。第四，向问题学习。在教育工作中我们常常会遇到一些矛盾和问题。只有不断探求问题的本质，才能锻炼和提高自己真正的学习能力和工作能力。

二、实践

学做研是教师专业成长的基本途径。学是前提，教育教学实践工作是基础。如何"做"好？是摆在我们一线教师眼前的大问题，陈博士从教师如何爱学生，如何做班主任工作，怎样建设高效课堂三方面给出了答案。

没有爱就没有教育。这是我们教育工作者耳熟能详的名言。

但是教师如何爱学生却大有讲究，陈博士提出了教师对学生的爱要做到"四有"。第一，教师的爱里有原则。第二，教师的爱里有期待。第三，教师的爱有引导。第四，教师的爱有激励。教师的爱是道义、责任、道德情怀、更是职业追求。

班主任是班集体的组织者、管理者、领导者和教育者；是学校、家庭和社会三种教育渠道之间的桥梁。那么，怎样才能创造性地做好班主任工作呢？陈博士在"班级工作管理部分"就如何遵循班级工作三大规律和他在实践探索中归纳出的七种方法做了详细解说。提醒我们以科学的态度来对待班级教育这门科学和艺术，要采取科学而有效的方法组织班级教育和班级管理活动，要搞好科学研究，进行科学决策，采用科学的评价手段，才能不断改革和创新班主任工作，不断提高班级教育和管理的质量和水平。

高效教学是教学收益大大超过教学投入的教学。要实现高效教学，陈博士建议我们在教学中应该做到"四个统一"。首先，教学应达到主导、主体、主线的统一。其次，教学要达到个体、全体、全面的统一。再次，教学要达到学生现实发展、中期发展和长远发展的统一。最后，教学应达到教学目的、教学过程和教学效果的统一。提示我们，真正的高效教学不仅要注重学生现实的发展能力，还要注重培养其未来的发展能力。教学中，既要立足当前重视学生的基础知识和基本技能传授，也要兼顾长远抓好其分析问题、解决问题的能力培养。

三尺讲台和美丽校园是教师挥洒汗水、增长智慧、专业成长的舞台。育人不惧山路弯，从这点点滴滴的经验总结中，我们看到的是作为教育人应有的兢兢业业、睿智谦和、师爱深远。

三、研究

学做研是教师专业成长的基本途径。学是前提，做是基础，教科研是保障。陈博士身体力行，集学、做、研于一身，通过他的实践与思考教我们如何在教科研中思考问题；如何在教科研中改进工作；如何在教科研中创新方法；如何在教科研中提升水平；如何在教科研中取得成就。

怎样从事教学研究工作？其具体途径和做法是什么？

陈博士在其著作相关章节中谈到：树立问题意识是做好教科研的前提；把握科研方法是做好教科研的关键；抓好研究过程是做好教科研的保障三方面做了具体的方向引领和方法指导。鼓励教师宏观上有自己独立的教育思想，鲜明的教育风格，实践中有自己引以为荣的一班学生，得心应手的一套方法，经得起反复推敲的一堂课，值得他人学习的一些学术成就，期待每个人都能在专业成长道路上有所思、有所获。

陈博士用心读书、潜心教书、精心著书，他以教师理想的职业生活方式实践"立德、立功、立言"这一人生理想，完美诠释了教师幸福追求之道，为我们树立了学习的榜样，明确了前进的方向。

参考文献：

陈自鹏.教师幸福追求之道［M］.北京：人民教育出版社，2017.

人民满意，办教育从"心"做起

王国维在《人间词话》中讲治学三重境界：从独上高楼望尽天涯路的不懈追求，经历衣带渐宽、伊人憔悴的执着付出，到蓦然回首，灯火阑珊处的惊喜收获。我们天铁教育也同样走过了这样一条从坎坷到辉煌的发展之路。建厂初期，天铁教育一片空白。然而就是在这一张白纸上，天铁教育人用生花妙笔绘出了一幅美丽图景。《天津教育》《天津教育报》等媒体曾以"沸腾的天铁，火红的教育""天铁教育的玄奘之路""天铁：一个诞生教育奇迹的地方"，这些振奋人心的题目详细报道天铁教育。我1991年来到天铁，26年来，作为一名天铁职工，一名教师，一位学生家长，见证了天铁教育不断发展壮大的过程。天铁教育虽身处大山深处，却名扬津门，我们铁厂的孩子受益了一代又一代，这些成绩的取得是天铁教师几十年教育实践的结晶，更是陈自鹏老师办人民满意教育这一指导思想结出的累累硕果。

2017年1月由人民教育出版社主办的"陈自鹏老师'办人民满意教育'教育思想研讨会"在天津天铁教育中心如期举行，作为天铁教委专家工作室成员，我有幸做了题为《办人民满意教育从"心"做起》的发言，对陈自鹏老师"办人民满意教育思想"进行了认真学习与解读。

怎样办人民满意的教育？陈自鹏老师从校长专心、教师尽心、学生开心、家长安心、社会放心这五个维度，以理论研究为出发点，以真抓实干为落脚点，用天铁教育实践做出了完美诠释。

一、教育要做到人民满意，校长专心是首要条件

俗话说得好，有什么样的校长就有什么样的学校。校长能否专心办学，专心管理，专心为师生服务，是一个学校能否发展，教师能否发展，学生能否发展的关键。陈老师高瞻远瞩、精益求精，他提出学校管理干部要做到"五个三"，倡导并运行"五三四"管理模式；要求教师队伍管理要运用好"敬、擎、情"三字经策略，实施教学整体优化方案，努力实现高效教学，不断提升学校管理的境界水平；教育发展中要实现学校发展、教师发展、学生发展三位一体共同发展，要重视对学生进行科学教育、感恩教育、责任教育、生命教育，引导学生成长、成功、成就，为天铁教育全面、协调、可持续发展奠定了基础。

二、教育要做到人民满意，教师尽心是关键条件

过去常常用"春蚕到死丝方尽，蜡炬成灰泪始干"来形容教师工作的鞠躬尽瘁，死而后已。不难看出，传道、授业、解惑，教师尽心工作需要无私的奉献、无悔的付出。我们不禁要思考这样一个问题：让教师如此尽心，教师的幸福从哪里来？教师没有职业幸福感，又怎么让自己的弟子们幸福呢？这个看似矛盾又必须和谐的问题，陈老师用他几十年如一日的教育研究与实践给出了我们答案：这就是教师的专业成长。给教师提供一条专业成长之路，使教师在自己的学习、工作、思考、研究、传播、交流和成就中得到满足、快乐，从而主动尽心、快乐尽心、享受尽心工作的幸福。

陈老师用心读书、潜心教书、精心著书，他以教师理想的职业生活方式实践"立德、立功、立言"这一人生理想，完美诠释了教师幸福追求之道，也带出了一支师德高尚、业务精湛、结构合理、充满活力的高素质、专业化教师队伍。

三、教育要做到人民满意，学生开心是理想境界

王守仁在其相关著述中曾说过："大抵童子之情，乐嬉游而惮拘检，如草木之始萌芽，舒畅之则利达，摧挠之则衰萎。今教童子，必使其趋向鼓舞，中心喜悦，则其进自不能已。"铁厂教育正是遵循学生心理发展这一规律，使学生在治学中、进步中、发展中得到成功的愉悦，使其德有所立，智有所启，体有所强，美有所养，心有所向。陈老师在其《办人民满意教育》一文中详细介绍了学校教育立德、启智、健体、尚美一系列育人之道的想法、做法，给我们指明了育人的方向。的确在陈博士五心教育思想影响下，我们的校园建设崇尚平安、绿色、文明、和谐、书香校园，坚持绘画、演讲、写作、逻辑算法比赛、歌唱比赛等

六赛活动十余年，给学生提供艺术才能展示平台以促进学生艺术特长发展。在天铁，我们能自豪地说，我们每一位天铁学子都得到了良好的发展，一批批优秀学子从这大山深处走向全国，迈向世界，清华、北大等国内知名高校甚至世界名校的校园里都有天铁孩子的身影。基础教育结出累累硕果的同时，我们的艺术教育同样没有因为我们地处偏远而有丝毫的逊色，中国好声音舞台上走出的歌手徐剑秋，在书画界小有名气的青年画家刘璐都是天铁校园走出的孩子，从他们身上我们看到了铁厂教育坚持全面发展，重视艺术教育的卓越成果。

四、教育要做到人民满意，家长安心是基本诉求

调查表明，家长对学生在校教育的关注点有很多，如安全、交友、课业、考试、纪律等等，但主要还是集中在两个方面：一是孩子在校是否安全；二是孩子在校是否获得了发展。作为天铁教育人，我们可以自豪地说：天铁教育，家长放心。二十几年里，在保障校园安全的同时，天铁幼儿和学生全部就近入园、入学，实现了均衡发展、教育公平。职业教育，高职学生全国四六级考试和计算机考试成绩在天津市同类校连续两年位列第一、毕业生全员就业，广受用人单位欢迎。初中、高中教育质量逐步成为天津市优质教育品牌。在天铁，家长是教育的知情人、助推器，家校联手，同心协力做教育，天铁教育被我们天铁职工亲切地称为天铁凝聚力工程的半壁江山。

五、教育要做到人民满意，社会放心是最终目标

读陈老师的教育论著不难发现，陈老师能够跳出教育看教育，把学校教育和社会需求紧密结合起来，不仅关注教育的个体本位要求，还十分关注教育的社会本位要求，时刻不忘教育所肩负的社会重任，竭心尽力办好让社会放心的教育。他明确提出了让社会放心办教育的五个着力点：第一抓方向，坚持社会主义办学方向；第二抓品德，坚持育人为本、德育为先；第三抓养成，重视知能并重、习惯培养；第四抓学风、学纪；第五抓学效，主张一个学校坚持了全面发展，促进了学生的全面发展，便是成功的有效教育，这也是教育的目的性要求。

让校长专心、教师尽心、学生开心、家长安心、社会放心，我们的教育才能得到学生、家长、社会的认可，才是人民满意的教育。陈老师就是秉承着这样的教育思想，高屋建瓴，高瞻远瞩，带领我们天铁教育人一路前行，一路高歌，走出了一条天铁教育的玄奘之路，成功之路！作为一名天铁教育人，我自豪，因为我是这团队中的一员；作为一名天铁学生家长，我欣慰，因为天铁教育让我们的孩子在自己的家门口享受到了这样优质的教育。

办人民满意教育，从"心"做起；办好人民满意教育也是教育工作者的最高职业理想。最后借用《史记·孔子世家》中的一句话，表达我作为一名普通教师，一名普通家长对陈老师《教师幸福追求之道》一书首发的衷心祝贺，也是对我们天铁教育的美好祝愿：

高山仰止，景行景止，虽不能至，心向往之。

参考文献：

陈自鹏. 教师幸福追求之道 [M] . 北京：人民教育出版社，2017.

第五章　家庭教育

无独有偶，育子情景需创设

几位妈妈在一起聊天，自然离不开教育孩子的话题，于是我听到了下面的故事：一位工作颇有成绩的男士，上学时却是个"调皮鬼"，经常逃学打架；他有个哥哥很是争气，处处严格要求自己，自幼好学，而且学有所成。相比之下，他的教育问题就很让父母头疼。因为经常惹事，父亲给他指出了两条路：一条，打伤打残了别人，自己进监狱；另一条，自己被别人打伤打残。父亲近乎威胁的话对这个"调皮鬼"并没有起作用，真正触及他心灵，使他迷途知返的却是母亲的一番话。一次儿子又逃学在家，母亲并没有训斥打骂，而是对少年气盛的儿子说了下面一番话：你现在不好好学习也行，将来爹妈帮衬着也能勉强娶上个媳妇，生几个孩子，凑合着过庄稼日子。好在你哥出息了，到时候回家来看见你日子过得苦，可怜你，塞给你点钱，你也能伸手收了，揣进口袋里。可是钱是别人给的不是自己挣得，心里会是什么滋味？这一番话，唤起了这个少年不服输的志气，他从此一改往常的淘气调皮，开始把注意力转移到正事上来，后来学有所成，工作做得很出色，日子也过

217

得很幸福。

听了这事儿，我很是纳罕：天下竟有这样相似的故事，如出一辙！

后来编了一个类似的故事讲给儿子听，在孩子长大后，我还经常想起十几年前的这一幕，儿子虽然也贪玩，但一直很积极向上，如今已经是大学二年级的学生了，昨晚还打电话跟我汇报考研的想法呢。

对于未来，每个孩子都会有一份懵懵懂懂地憧憬，这憧憬里有自我实现的期待，也有对未来不成功地恐惧，这份期待是孩子前行的源泉，那么这份恐惧，不也一样有助于孩子正确地规划出自己的人生航程吗？作为家长，我们有责任帮孩子明晰他（她）到底需要一个什么样的未来，这种前途教育会帮助孩子明确哪些做法是正确的，应该坚持；哪些做法是错误的，应该摈弃。

敞开心灵，母子交流有技巧

俗话说儿大不由爹，女大不由娘。孩子长大了，有了自己的思想，再也不愿意听父母苦口婆心的"教导"。但孩子毕竟是孩子，有些事还是需要家长帮助解决；有些结更需要家长帮助解开。

进行心与心的交流，自然需要一些技巧。

一天中午，十四岁的儿子是冲进家门的。细心的妈妈看出了孩子的情绪，没有作声，仍然故作愉快地做着午饭的准备，她用眼睛的余光看到孩子在自己房间里东翻西找，一边翻找一边呼哧呼哧地吸鼻子。妈妈想：小家伙气正盛，还是不理他的好。

饭菜摆上了桌，父亲要登堂了。

儿子知道父亲是最看不得眼泪的，听见爸爸喊吃饭，马上乖乖地出来洗了手和脸，端坐桌前准备吃饭。

一家三口开始吃饭，妈妈特意夹了一块排骨放在儿子碗里，意在表明：家是温暖的。

晚上，妈妈特意烙了饼，做了孩子最喜欢的两个菜。

"爸爸呢，又加班吗？"

"不，去奶奶家了，明天清明节，要给爷爷烧纸。爸爸提前去安排一下。"

娘俩你一言我一语地聊着，妈妈有意避开学校的话题，她知道自己越是表现得不在意，儿子就越是愿意听听妈妈的意见，她等待着也寻找着最佳的时机。

……

火候到了，儿子主动谈起了上午的事情。老师如何把自己叫到办公室，如何没来由地（他认为）一通批评……一股脑都说给妈妈听了。末了愤愤地说了一句："太没面子了，老师说我和女生来往密切——要不我中午那么生气！"

妈妈听这些话时脸上一直是挂着让人放松的笑。

妈妈并没有直接表明对这件事的态度，而是给孩子讲起了自己十四岁时的烦恼，十四岁时的偏激，十四岁时对老师的误解……孩子听着妈妈讲过去的事情，不时插一句话，像两个同龄人在聊同龄人的事。最后妈妈才说到了孩子与老师："其实，老师都是从长辈看待孩子的角度来评价你的，老师是把你们看得太小，而不是小看你们。"

案例评析：

一番话说得孩子心里亮堂了，母子俩的谈话很投机，母亲也就很自然地谈到了男女同学的交往，谈到广泛交友的好处，特别谈到和女同学交往要有"群"的概念，要和多数女生交往，学习她们的优点而不能只接近某一个女生，那样会一叶障目不见森林，失去了交际的意义……妈妈说了很多，而唯独不提"早恋"这个字眼，妈妈知道儿子是一个十四岁懵懂男孩，对一切充满好奇与想象，保护他的好奇心，保护孩子圣洁的感情，需要正确地引导而不是压制，就像大禹治水，要疏通水道，分流水源，让百川归海才是治水的根本。对于少年的情感世界不是更应该如此吗？

舍得放手，处处都是练兵场

> 去清漳河漂流，和儿子分在了一组，掌舵划船的事情都归儿子负责，老妈打着伞东看西看，优哉游哉，他划了右边划左边，到了终点手上竟然磨出俩水泡，乐呵呵地无怨言，看来懒妈更能培养勤快孩子。
>
> ——题记

夏天里，半阴半晴的天气是最适合山游的，带着饮用水和相机，我们一行六人驱车去距铁厂几十里远的清漳河漂流。

好长时间没有出门了，从家到学校两点一线的日子过久了，自然生出一种倦怠，车出了涉县城一直往南，窗外的景致替代了街市的嘈杂，心也宁静下来，视野里满眼都是绿色，近处平旷嫩绿的稻田，三两农人在田间劳作，远处青山披了茂盛的植被，在这半阴的天气里，笼着一层朦胧的水汽，壁立如画，又绵延不断。

过了顾新镇，我们的车下了国道，斜插进一条乡间小路，路齐崭崭地分隔开两边的稻田，沿路有一条水渠引水流入田间，也引导着我们的车子穿过稻田，穿过一片小树林，把车泊在树荫下。我们登上水渠，循着水声来到了水的源头，一带水流顺着地势奔流而下，跌碎在石板上，溅起白花花的水雾，又爬起来重新汇聚成流，几跌几落之后，归入一片芦苇摇荡的水泊，水泊向远处延伸，我们今天漂流的航道就此开始。

我们租定了三个橡皮筏子，分组下了水，我和儿子被分在了一组，掌舵划船的事情都归儿子负责，我打着伞东看西看，优哉游哉！

河道里水深不一，深处莫测，浅处及膝，可以看到水底的鹅卵石，我们的筏子开始漂在水面上，借着水的流势冲到了一片开阔的河道，儿子停了桨，任由它在水面打着转，水面上起落着许多只黑色的蜻蜓，漂亮的黑色翅膀四瓣绽放，又悄然合拢，一时间水面好像开放着无数美丽的黑色花，又有红蜻蜓飞来落在筏子沿上，合拢翅膀小憩，我来了兴致伸手去捉，它却从指缝里滑落，轻轻点水而去了。有蓝色的晶莹透明的光点在苇尖上闪烁，渐渐飞来摇曳在眼前，是蓝蜻蜓！小小的蓝色翅膀抖落着我从没有想象过的神秘，大自然真有这美丽的蓝精灵！

儿子有时需要撑着桨调整方向，我告诉他，要想看到美丽的风景，就要把握好方向，人生的方向也一样。

我的目光从水面移开，片片细密地芦苇腰肢纤细，一丛丛，一簇簇随风招摇着温柔的美丽，蒲苇则不同，根上丛生出无数剑一样的大叶子，团结向上，凝聚成一片碧绿，蓬勃着一份阳刚的锐气。

我们开始发动筏子顺流前行，没有岸，出了苇荡就是壁立的山，远远地看见石壁上刻着一副对联，我们把筏子靠过去："青山原不老为雪白头，绿水本无忧因风皱面。"儿子调侃说，先来看绿水因风皱面，等我放寒假回来再来看青山为雪白头吧。

孩子这么开心，我们为什么不借着山水诵诗抒情呢。"山重水复疑无路"我说，"柳暗花明又一村"儿子对道。"水是眼波横""山是眉峰聚"……在一对一答中，陶冶着审美情操。

流水因了地势湍急了几回，筏子上的我们也停桨享受了一下漂流的滋味，水流推送着筏子从高处落下，稍没掌控好方向就被甩到了苇荡里，努力划了几回，连桨都被水底浮萍的根缠住了不能前行，反正也动不了，我索性扯了几片浮萍来欣赏，圆圆的叶片，滑滑的、细腻着我的眼。

儿子看老妈"无动于衷"，挽起裤脚，探进水里，水不深，他解脱船桨，把筏子引到了河道上，尽显一个小男子汉的担当。我看着他的一举一动，开始还有些担心，想让他快上船，后来觉得应该培养孩子独立处理问题的能力，我就干脆做个"懒妈妈"，在他的能力解决不了的时候，我再帮他，人生的路上，不可能一直有我的陪伴，他始终要自己面对困难的。

一个多小时的水程，来到了终点，放筏子的师傅已经在等候了，我们帮他把筏子拖上岸，也踏上归途，儿子的小姨看到儿子手上磨出的俩水泡和上岸时帮师傅推竹筏不小心踩在泥坑里湿漉漉的一双脚，心疼地说："瞧你妈幸福的，脏活累活都让儿子干了，自己落得撑把阳伞自在的赏景，悠哉游哉！"

我正无语，儿子却笑着对小姨说，这都是老妈给的难得锻炼机会呢！俗语说，舍不得孩子套不住狼嘛！我虽然也心疼儿子，不过看着他充满青春朝气的脸，还是得意地笑了，是啊，舍得让孩子吃苦，懂得让孩子担当，难道不是更高境界的爱吗？

一路有你，成长心路多历练

也许是做老师的缘故吧，对孩子书桌上的一些文字东西总是很留意，一本周记、几张字条、甚至铅笔盒壁上、课本扉页上孩子随手写的只言片语都要读一读，总想透过文字了解孩子的思想。这个习惯让我了解了孩子成长的心路历程，也让我了解了在孩子成长过程中付出真情和汗水的老师们，心中敬意油然而生。

孩子做错事，上帝都能原谅。

"我们数学课去机房学编程，我做了一个简单的程序，只要输入任意实数就会弹出'晋老师傻瓜'的拼音，我为我的创意感到自豪，我给身边的同学一遍一遍地演示，他们都笑，突然笑声止住了，我回身一看，晋老师就站在我后面看着屏幕淡淡的笑，然后走开了。我的脸一下子憋得通红，心想晋老师肯定很生气，很失望，他不会再对我有信心，不会再给我讲题，他会放弃我这个爱接话茬，经常在课堂上给老师出难题，让老师难看的学生。突然间，我是如此在乎老师对我的印象，我忐忑不安到了极点，坐在椅子上浑身不自在，最后我决定，写信向晋老师道歉。

下课了我把信交给我们的课代表托他带给老师，我认为老师看完会撕掉，不对，看都不看就会撕掉！这可怎么办？要是能回到一个小时以前，我怎么着都愿意⋯⋯很快课代表回来了，说晋老师找我，我诚惶诚恐地走进办公室，看到那封信工工整整地摊在桌子上，晋老师正在埋头批改作业，看见我进来就说：'孩子做错事，上帝都能原谅，我有什么不能原谅的呢？你是老师比较关注的学生，要更加好好的学习，这种事情以后就不要做了，放在谁身上都会变成不尊重是不是？'我拼命地点头，哽咽着说不出话来，走出办公室，我的眼泪一下子就掉下来了，我是真的吓着了，也是真的感动到了。"

这是孩子写的一篇周记《好人一生平安》里的一段文字。在这篇文章里刚上高一的孩子写了从对他的数学老师不理解，甚至捉弄，直到感激的整个过程。

刚上高一时，功课一下多起来，数学的难度突然提高了许多，这对于生性贪玩、好动的孩子来说很不适应，于是有点厌学数学，对老师有抵触心理，甚至搞恶作剧，是晋禄林老师的不离不弃、宽容、爱护让孩子重拾信心，努力学习。一年的学习结束，孩子数学成绩是98分，（满分 100 分）为后来的数学学习打下了坚实的基础。

孩子对我说，他对晋老师只有感激。

1 月 28，记得我们相聚的日子

孩子喜欢语文，更喜欢他的语文老师。高一年级孩子考进了二中的实验班，张义生老师教语文，他和孩子们一起打球、游泳，深得孩子们的喜爱。儿子更是把义生老师当朋友，课上课下的交流，使老师在孩子心目中既是老师、朋友，又是亲人。

刚上高一，15 岁的儿子在实验班里属于那种想学习还不会学习的类型，课堂上老师讲的知识一旦没听懂，课下的学习就无从下手，时间一长，落下的东西多了，学习成绩也就直线下降，第一学期结束，从实验班被分流到平行班。

离开实验班的那一天是 1 月 28 日。

这对孩子来说，是一个不小的教训，也是个不小的打击。他虽然依旧爱说爱闹，但是开始有意识地躲避原来实验班的老师了，毕竟长大了有了小小的自尊。

"还写周记吗?"

"不写。"

"要坚持写，我看。"

这是出了实验班后，张义生老师在走廊里遇到孩子时的一番对话。于是孩子又开始写周记，定期交给已经不再教他语文的张老师看，张老师像原来一样给孩子批阅，并且在周记本里给孩子写信，鼓励孩子树立信心，战胜困难。

4 月 1 日是孩子的生日。放学回到家，孩子脸红红的，给我看张老师送他的生日礼物：一个笔记本。扉页上写着："1 月 28 日，记得我们相聚的日子!"孩子见我有点疑惑，解释说："1 月 28 日，是我出实验班的日子，我都忘了，老师记着呢！他希望我明年这一天考回实验班。"

孩子的眼睛里闪着泪花："妈妈，我要考回实验班，张老师说他还等我回实验班，继续教我语文呢！"

是啊，1月28日，老师给孩子记着呢！当孩子在众目睽睽中走出实验班，老师的目光牵着他回来！老师期许的目光照亮他迷茫的前路！1月28日是离开的日子，也是回来的日子。

一个学期结束，孩子又考回了实验班。

1月28日，孩子说，这个日子是张老师帮他记住的，他得记一辈子。

最困惑的时候，就是问题得到解决的时候

张大红老师是孩子的物理老师，也是孩子的班主任。

高三学年第一学期，孩子的学习成绩不理想，尤其是理科知识，课堂上老师讲的好像听懂了，课下做起题来却糊涂。繁重的学习任务，挤占着睡眠的时间，也挤压着孩子的信心，孩子好像没有了再一次迎接挑战的勇气，作业本上的叉号又多起来。孩子说："可能是我太笨了，越做题，越不会。"

怎么从瓶颈中突围出来呢？

班主任张大红老师知道孩子的情况后，说："我和孩子谈一谈，其实最困惑的时候，就是问题就要得到解决的时候，坚持不放弃，是最好的解决办法。"

一个周六的晚上9点钟，孩子去学校自习回来，和张老师一路走，张老师一路和孩子谈心，走到西区大门口，两个人停下来，继续交谈。

直到10点钟，孩子用老师的手机给我打电话，告诉我和老师在一

起，让我放心。又是一个小时过去了，11点钟，我有点不放心，担心孩子离开老师后去了别处，跑到阳台上张望，不远处，是孩子和张老师，原来张老师一路把孩子送回家，也一路把思想工作做到了家！

那天孩子回来，就一头扎进书堆里，直到深夜。我知道是张老师的话说到了孩子的心里。

今年寒假，上大学的孩子一回到家第一件事就是张罗着和同学们一起去看望恩师，每次提起他的老师们话语里、眼神中都是爱戴和感激。是啊，做一个老师最大的幸福是什么？是学生的真爱；做一个老师最大的付出是什么？是真爱学生。从孩子老师身上我看到了做老师的幸福，从孩子老师身上，我学到了怎样做一个真正的老师。

孩子眼里，妈妈的全盛时代

光阴荏苒，孩子们在这高中三年的时光中涤荡，以求思想澄明、学业有成，而事情往往不能尽善尽美，高考过后，几家欢喜几家愁，于是众生百相一览无余。

——题记

儿子说，他一直试图做一个局外人，或者是个歌颂者，清醒地看这个时代，清楚地思考它，可不解的是：在这纷繁复杂的生活中，胜利的总是身为人母的妈妈们，究其原因无处下手，便罗列了几例，以供读者饭后的谈资。

天生有福型。儿子说他身边有那么几个同学，天资聪慧、为人老实、治学踏实，于是他们的妈妈便有一个共同的理念：儿孙自有儿孙福。这种妈妈天生就是小姐命，不管孩子是在上小学还是读高三，学习的事情都是绝不插手过问，就连参加家长会，也要佯装有电话、借口有急事，提前退场，不管你教育改革不改革、不管你老师更新不更新、不管孩子考没考进实验班、只要她们觉得舒坦了，天下总是安稳的。此类妈妈乐安天命，与世无争，对孩子的学习情况一无所知。甚至在学校转了大半天都找不到自己的儿子，撞大运地走进一个班，敲开门，怯生生地问一句："某某某是这个班的吗?"只见某某某满脸通红地回答到："妈，我在这呢!"孩子的高考更是件无足轻重的事情，不过在这种放松的环境下，孩子往往会超常发挥，考出不错的成绩。此时，妈妈面对别人的赞赏绝不贪功，将荣誉全部给孩子。颇有些宠辱不惊的大家之风度。这样的妈妈一定要搭配一个脾气好、心思细的爸爸，否则孩子会在这种零管束的情况下发展成什么样子，就不好说了。

操劳苦累型。有小姐命的妈妈，就有丫鬟命的母亲，这种类型的妈妈直率，勤劳，有着不达目的决不罢休的心性。自然，白发和皱纹的长速就令人瞠目了。可她们在家中的地位是绝对无法撼动的，对于孩子是说一不二的。妈妈在"日理万机"和"统领内政"中总会体会到一种成就感，也会为发现自己的人生价值而喜悦不已。奇怪的是，她们总抱怨生活太累人，不想再操劳之类的话。各位身为人父和无经验的孩童千万不要信以为真，这种抱怨多少有些得了便宜卖乖之嫌，可大家万万不可拆穿，最好用美言溜须，方可逃过一劫。不然，可设想，在金銮殿上拆皇上的台是什么结果!在妈妈严格的管教下，孩子肯定不敢不学习，但高考的结果就有所不同了，孩子考好了，妈妈自然得意，将首功记在自己账下。孩子考不好，干脆破釜沉舟，连报志愿都免了，直接复读。人生苦短，自己也算图个痛快。而痛苦的往往是敢怒不敢言的孩子啊!儿子说，他深切同情各位生活在水深火热中的同胞们!

八面玲珑型。儿子说，他对此深有感触。此类妈妈一直以温和，好脾气，贤妻良母的形象示人，儿子说他因为有一位这样的妈妈曾为众生所羡。可苦于此类妈妈对付孩子手段之多，变化之快，实在让他和同类们有苦难言。儿子举例子说，母亲大人的洞察力和审判功力深不可测。她总是笑着的，而且笑得很神秘，似乎她能看透你的一切，可她什么都不说，即便没有犯错你都会心虚，何况犯错。只需母亲大人稍施压力，便会供认不讳。妈妈是绝对善良的，并且是零暴力。她的绝招是唉声叹气，那一声声轻叹，无一不深深地撞击在自己心中最柔软的地方，并且唤回那青春叛逆的灵魂，然后按照妈妈的意思办事。正所谓以柔克刚，总是事半功倍。说实话，儿子的高三生活是浸在蜜里的，妈妈一年也没有大声喝斥过他一次，不论考的好与坏，她总是鼓励儿子，也许诺了许多美好的事情在高考后兑现，在考前儿子得到了莫大的勇气，盖时运不错，还算正常发挥，取得的成绩也是众望所归，可他觉察妈妈对他的态度却悄然变化，正值期末统考前夕，妈妈又忙她的工作去了，许的诺也不提了，每天的饭也不按时做了。伙食水准急转直下，从小康立即转到温饱水平。"妈，今儿，咱吃什么好吃的？""今儿，随意！"……就连说话的声音也高了，语气也不怎么顺耳了，从考前的无微不至到考后的撒手不管，让人汗颜。儿子说并非他夸大其词、不知感恩，只是希望广大莘莘学子做好心理准备，在积极备考的同时，也适时变化，如果妈妈许下美好诺言一定让她提前兑现，先下手为强啊！

儿子虽然用些调侃的语言评价妈妈们，可心里还是充满了对妈妈的感谢与爱！不必说母亲温柔似水，不必说母亲伟岸如山，母爱是春风化雨，母爱是寸草春晖。孩子从生下来就活在母亲的付出中，妈妈们的胜利是有理由的。她们看孩子那充满爱的眼眸就是这个时代崛起的最好解释。拿到大学录取通知书，儿子在日记里表露心迹：这是个妈妈全盛的时代，这是个美好与爱共存的美丽季节，愿天下所有善良的妈妈，美丽幸福！

一颗童心，尽享生命的阳光

之一　不要把个人意志强加给孩子

　　看到上高三的儿子，学习的那么辛苦，老妈还在那里监督着他的每一寸时间，希望他不要去打球，不要去约朋友玩，也不要看电视，打电脑，总之是把所有心思都放在学习上，就像一首校园歌曲里唱到的"高三了还有闲心唱，爸爸妈妈总是这样想……"是啊，爸爸妈妈总是这样想，以为孩子应该志存高远，以为孩子应该心无旁骛，以为孩子应该珍惜现在，创造未来，可是孩子还是孩子，他还会秀个打球动作让你开心，他还会哼着流行音乐和你谈论快女，还会偷偷去约上几个朋友来场篮球赛，还会在每次考试前松懈疲倦，在每次考试后信誓旦旦……这就是孩子，他贪玩说明他还没有长大，他疲倦说明他已经尽力，他信誓旦旦说明他还有理想……

　　理解孩子吧，不要把大人的意志强加在孩子身上，如果成绩不佳是因为脑子比较笨，那就对孩子心存歉疚，我们没有遗传给孩子一个聪明的大脑；如果成绩不佳是因为努力不够，那就留一份喜悦给自己，相信孩子在未来的工作和生活中会游刃有余，不会因为饭碗是过分努力得来的而战战兢兢一辈子，辛辛苦苦一辈子。别带着孩子去追逐那海市蜃楼的物质或精神，享受阳光吧，太阳不会因为你清贫或者平凡而吝啬他的温暖，也给孩子一个阳光的心情！

之二　永远做个孩子

　　有时候和儿子聊天，儿子会用很认真的表情说：妈妈，我看你好像还没长大！是吗？想想也许是。

　　小时候喜欢幻想，记得上小学时，我有一只小猫头的钢笔，写完作业我总是拿着它玩，笔帽和笔裤分别套在两个手指头上，成了两个人，两个人开始在我的解说下过起了家家，你来我往，有情有义。这样玩起来就没完没了。

　　有一位朋友个性很强，属于程序生活型。几点起床几点休息，每天做什么不做什么都程序化，她不能容忍别人的随意，大家也都不喜欢和她交往，死板的让人受不了，因为一起出过几次差的缘故，她倒引我为知己，跟我谈很多她的想法和对人对事的看法：在她认为生活中的一切都是责任和义务。结婚是责任，养育孩子是责任，教育孩子是责任，给孩子买房子，帮孩子找工作，成家立业统统都是责任！她是一个负责任的母亲，儿子从小懂礼勤奋，大学毕业后在津工作，那天她见到我对我说，你可不知道我有多烦，为孩子要买房子的事情，我几天也没睡好觉！

　　她最经典的一句话是：人生就是一本书，每一页都是责任，我只想快快地翻完！

　　她的生活态度让生活失去了生趣，为什么要把一切都看成责任呢？希腊有一句谚语我挺喜欢的：爱不是责任，爱是一种崇拜。让一切的付出都源于爱，才会活出生活的情趣。每次看孩子小时的照片或者录像，我都会笑，笑到泪光莹莹，因为每一个画面都是一个难忘的瞬间。在我看来，为孩子所做的一切都是自己最感兴趣的事情，永远乐此不疲。比如每天在厨房做饭，看见孩子背着书包回来，都要去开门，也许我正在忙着炒菜，虽然我知道他带着钥匙，但是我仍然愿意去开门，因为我愿意在第一时间看到他的笑脸。

　　永远做个孩子吧，有一颗孩子般天真又简单的心灵。

之三　写在高考前

明天就要高考了，三年的辛勤耕耘，就要开花结果，不论是孩子、老师还是家长，在这三年中都呕心沥血，战战兢兢。

孩子们在学习，不分昼夜，礼拜天和节假日都难得痛痛快快的休息一下，原因是心中装着高考这个大事，虽然学习效果有高低，但所有的高中孩子绝大部分时间都浸泡在书山题海里。每天从早晨 7 ：20 开始上早读，直到中午 11 ：45 下课，回到家吃饭午休，1 ：45 午自习正式开始，直到下午 6 ：30 小晚自习结束，就算结束了一个白天的学习，但随之而来的是一个小时以后的大晚自习，和一直熬到后半夜的家庭作业。

往往越是学习效果不好的孩子，付出的学习时间就更要多一些，课上没有学会的知识，需要课下另请老师补习，有的孩子甚至于大晚自习和小晚自习之间仅有的一小时休息时间也要拿出 50 分钟来恶补，放下书再草草吃两口零食，或者同学给捎来的饭菜，又投入了学习中。

这是孩子们的每一天！

每月学习下来一次月考，每次月考一次全校排名，名次靠前的孩子心中是紧张，因为后面的同学跟得太近，不知什么就有可能被超过；名次中间的同学是紧张，因为前面有目标需要追，后面有同学在追赶；名次靠后的同学是紧张，他的紧张里除了前面有大部队要追赶外，还有爸爸妈妈的焦灼的目光的追逐！

哪个孩子敢懈怠！只有继续努力往前奔！

这是孩子们的每个月！

老师们在教学，每天很早就到了学校自习、上课、答疑，或者个别辅导，一直到很晚，有时甚至快半夜了还在做辅导。每月一次月考，包括一月之中一次次大大小小的考试，每次到要加班加点的阅卷，因为孩子们、家长们都等着成绩，阅卷后的成绩分析，学生情况分析，还有和个别问题学生的谈心指导……

这就是我们的高三老师们，他们的一天，他们的一月，他们的每一年！

孩子的家长们，相对于老师的辛勤，孩子们的鏖战，应该说身体上轻松得多，他们具体要做的是给孩子搞好后勤，但身体上的轻松并不等于心里轻松，因为他们的心里装着高考，那是孩子的前途。

沉甸甸的话题，沉甸甸的未来，哪个家长敢懈怠！

孩子的饮食起居、孩子的学习成绩、孩子的情绪起伏、孩子的身体状况，都牵着爸爸妈妈的心。一觉醒来，看到孩子的房间还亮着灯，老妈会心疼地睡不着，不敢打扰孩子学习又心疼孩子熬夜，是困扰妈妈的两难话题，她找不到合适的解决办法，只好看着孩子屋里的灯光，焦虑的等待，不是等待这一天快结束，而是等待高考那一天快快来！爸爸是个爱失眠的人，晚上总起来抽烟喝茶，因为孩子需要安静的环境，老爸只好一改旧习惯，睡不着也在床上干躺着，非得要起来不可，那拖鞋有响动，索性光着脚提着鞋去厨房抽烟，可即使打火机响一下也会被老妈批评的。

这就是高中学生的家长！为了高考，为了孩子的未来，哪个敢懈怠！

教育决定了孩子未来，如果你家中没有高中生，如果你没有亲身经历这高中生活，那你没权利批评教育，你不知道艰苦的付出之后收获的喜悦，你不能体会如果高中生活的枯燥，高考的压力都能承受下来，未来将有多少困难会被我们打得一败涂地……没有选拔，没有竞争，会导致懈怠。平庸，怎么面对人生的角逐？没有努力，没有坚持，怎能登上生命的巅峰？没有梦想，没有追求，怎能品尝成果的喜悦？如果你家中有了高中生，如果你经历了这高中生活，那你也没有理由批评中国教育！

明天就要高考了，我想高兴地对孩子们说：你们的未来来了！

爱是修行，渐行渐远渐无声

高三结束后暑假也快要结束了，很珍惜今年的暑假，因为这也许是和儿子在一起度过的最后一个完整的假期，也许明年暑假或者后年，儿子就会找到理由在大学度过暑假或者在大学所在的城市度过暑假了。想到孩子长大了要离开自己、离开家，心里就很不舍，眼泪悄悄地爬上眼角，再有十天的时间就要开始过没有儿子在身边的日子了，所以这一段时间里，每一天，都过得格外在意，想着为儿子准备上学的用品，想起一项就记在小本子上，生怕准备得不够齐全。

做了一套新被褥，让孩子贴身铺盖，又准备了一个荞麦皮的枕头，怕学校的枕头是腈纶棉的枕芯，枕着不舒服。把荞麦皮淘洗了两遍，捞出来晾晒了两天才干透，缝起来压平整。虽然针脚并不细密，但妈妈的心是比针尖要细的。把衣柜里孩子春夏秋冬的衣服都倒腾出来，捡出要带到学校去的，重新洗净熨平，叠整齐，一件件放进行李箱，儿子也在帮着妈妈的忙，并调侃妈妈的笨手笨脚。

想着要嘱咐儿子的事情，每想起一项就找时间和儿子交流一番，讲道理摆事实，真够老妈费心的，儿子总是耐心地听着，并发表自己的一些看法，本来是要说服儿子的，但常常被儿子说服，感到儿子真的长大了，他所需要的不再是妈妈嘘寒问暖的关心，而是一片自由飞翔的天空去憧憬自己的梦想。

曾经看过一篇文章，题目好像是《爱的远离》讲美国的家长是怎样去爱长大了的孩子。孩子长大了需要一个独立于家长目光之外的思想空间和生活空间，作为家长要愉快地接受孩子的独立思想和独立的生活空间，渐渐淡出他的圈子，淡出他的思想以及生活，让孩子从心理上独立，克服依赖心理。其实孩子渴望独立安排自己的未来生活和事业，不希望过家长指定的未来，圈好的范围，他愿意体会独创世界的快乐，哪怕是苦。

那就尽快地放手，再慢慢地学着放心吧。也许不久的将来想念儿子时会泪流满面，但依然会笑着说：那是甜蜜的忧愁！

寻常小事，于无声处现深情

学着习惯，

看不见风飘动着你的衣衫。

学着习惯，

听不到空气里你的笑语串串。

学着习惯，

没有你的清晨也没有你的夜晚。

学着习惯，

思绪轻滑过键盘，寂寞跳跃在指间。

学着习惯，

一遍一遍复习孩子已长大的概念。

学着习惯，

无时无刻思念着你，只是一个不改的习惯。

……

夫妻俩开车一千多里，把儿子送到大学，明天就要回家了，想和儿子一起吃晚饭，享受这短暂的离别前的相聚。可学院足球队和院篮球队的两场选拔赛，孩子刚一进大学就碰上，毫不犹豫参加了，等他回到我们住的离学校不远的宾馆时，T恤衫大半全湿透了，一进房间就倒在床上："妈妈，我太累了，刚参加完足球选拔赛就被叫去打篮球选拔赛了。"

我的心里不知道是高兴还是不高兴，也许更多的是心疼吧！帮儿子把T恤衫脱下来，洗洗晾在衣架上，下楼买了饭回来，一家三口围在小桌旁吃饭，儿子确实饿了，小半只鸭子吃了大部分，还吃了两个馒头。

"快九点了，我该回学校了。"儿子说。我匆忙地换鞋，准备去送他，他却执意不让我送，我借故说去车里拿了手电给他，才算下了楼，打开车门拿了手电，儿子就要走，我再表示送他回学校是顺便散散步，被儿子推回了楼里，只好答应不送，他头也不回地走了。我从宾馆大厅里出来时，他已走上了马路对面的林荫道，我想还是亲眼看到他走进学校才放心，于是匆忙穿过马路，前面很热闹，围满了人，应该是哪家商铺开业的庆典演出吧！儿子的身影很快消失在人群中了，不能捕捉到儿子的身影，我也停住了脚步，待在那里，歌声、乐声、喧嚣声冲击着耳膜，我的眼睛在人群寻找，希望看到儿子从人群里走出来，这种希望持续了十几分钟，演出散了，人群也散开了，却不见儿子的影子，也许他已经回学校了吧，我想。突然想起刚才匆忙间好像忘了锁车，摊开手一看车钥匙，果然显示的是开锁的状态，我一下慌了，赶紧往回跑，糟糕的是，遇到了红灯，泊车的位置就在马路对面的宾馆门前却看不太清楚，我赶紧抬手对着泊车的方向按了锁车键，钥匙上显示车已上锁，稍稍松了口气。看眼前车流少了，我匆忙地过了马路，这时远远看见了熟悉的车，心才放了下来，眼泪却一下子涌出了眼眶，几天的劳累、辛苦、担心、委屈都涌上心头。

走回宾馆大厅的时候，看到老公正在和前台的女士问询明天上高速的路线，看见我来了，就调侃我的瞎操心。坐在前台的这位女士应该是这家宾馆的老板娘吧，四十多岁的年纪，眉清目秀，说话和声细语很是慈祥的样子，看见我就说："做妈妈的都是这样的，孩子第一次离开家一百个不放心，去年有一家一直住到孩子军训完了才走，妈妈天天哭天抹泪的，把我都哭烦了。我儿子送去当兵都八年了，我当时也是很不放心，现在也习惯了。"她说话间长睫毛一闪，应该此时她也一样的有对儿子的思念闪现在心头，只是不好意思再流露而选择这悄然地收藏吧。

这时手机响了，是儿子的短信："妈妈，我已回宿舍，不是我不愿让您送我，是因为我怕您看见我背影心里难受……"莹莹泪光中我给儿子回了短信："记着天热多喝水！"

亲子关系，有效沟通利融洽

有一句很流行的网络用语：有的人用童年治愈了一生；有的人却用一生来治愈童年。这句话意思是说：人有了幸福成长的童年，就不惧怕一生当中的沟沟坎坎，所有困难挫折都能从容面对，始终保持乐观向上的人生态度。反之，童年不幸，会像一条甩不掉的尾巴，笼罩生活，始终难以拥有真正的快乐与豁达。孩子最早接受的是家庭教育，家庭教育的好坏将直接影响着孩子一生能否健康成长。心理学家说，孩子长大了不快乐首先要反溯童年生活，问责原生家庭，可见，家庭教育的重要性。

家庭教育需要理想的家庭环境，在家长和孩子之间建立融洽的亲子关系，搭建起沟通交流的桥梁，让孩子乐于接受家长潜移默化的教育，会使他们向更好的方向发展。受天津市家庭教育中心专家陈秀茹老师"家校协同合力共育"讲座启示，在学校组织的心理健康培训活动家长专场做了《搭建沟通桥梁，建立融洽亲子关系》的汇报，就如何建立融洽的亲子关系谈了自己的几点看法。

一、学会接纳，形成良性循环

建立融洽的亲子关系，作为家长要学会欣然接纳。既接受孩子的优点和优势，又接纳孩子的缺点和劣势。学会接纳并及时鼓励孩子，因为肯定孩子努力的过程，比肯定结果更能带给孩子进步的力量，与其将自己的孩子与别人家孩子横向对比而使其焦虑，不如与他自己纵向对比，看看他比昨天进步了多少，比从前进步了多少。看见孩子的进步，才能看见孩子的好，那个不断被认可、被鼓励的好孩子才会变得越来越多，形成良性循环。

二、陪伴成长，讲究沟通技巧

建立融洽的亲子关系，还要与孩子共同成长。社会高速发展，作为家长，不能拒绝学习。向书本学习、向社会学习、向同事学习、向身边的人学习，丰富自己的知识储备和社会经验，才能在孩子成长过程中，与孩子无障碍交流，做孩子成长路上的引导者、倾听者、陪伴者。

在陪伴中，亲子沟通要讲究技巧。首先，家长要理解孩子，蹲下身来和孩子平等对话，做到通情达理；其次，在对话过程中对要交流的事件多客观描述，少主观评价，才能和孩子一起回顾到真相，而非掺杂了个人色彩的"事实"；再次，家长用积极的言语引导沟通，会使亲子之间的交流变得有温度、有趣味，而不是冷冰冰的训斥或刻板的告诫；最后，多注重非语言方式的交流，家长一个信任的眼神、一个有温度的牵手、一个温暖的拥抱都会传递给孩子力量，增强他克服困难的勇气和持之以恒的信念。

三、把握尺度，做到宽严有度

"望子成龙望女成凤"是家长的普遍心愿，这种急盼孩子成才的思想就会导致家庭对孩子急功近利的要求，其衍生出来的错误教育方式就像钳住孩子发展的两只手：一方面，溺爱孩子，超量满足；另一方面眼睛紧紧盯着孩子分数，要求孩子时时刻刻优秀，导致亲子关系紧张。其实只要家长能把握好教育的尺度，意识到孩子的心态比智力更重要，良好的性格习惯比分数更重要，责任担当比聪明更重要。

把握尺度就要做到宽严有度。宽严有度的"宽"，不仅仅指对孩子的宽容、包容、宽宏大量，更是一种有温度、有力度的爱。其具体表现形式是对孩子的帮助。当孩子遇到困难时给予帮助，你有耐心了解事情的原委，你的建议卓有成效，在你的帮助下孩子顺利地完成了要做的事情。"严"，就是讲究原则，而且坚决执行原则。俗话说没有规矩不成方圆，如果对孩子没有要求，一味迁就，孩子就会形成惰性，懒散不求上进。不论是学习还是生活，凡事立规矩，规矩在先，孩子做事情就有头绪、有效率。

四、管理情绪，助力性格形成

良好的亲子关系，是在家庭生活中逐渐培养起来的。培养过程中，家长对自己情绪的管理至关重要。家长情绪不稳定，缺乏耐心、脾气急躁、凡事自己说了算，孩子就会因为害怕而说谎、缺乏自信、没有礼貌甚至脾气暴躁，不服管理；相反，如果家长和蔼可亲、耐心宽容，孩子会随时随地捕捉到这些健康情绪，学习模仿。家长的健康情绪，积极乐观的健康心理会如春雨润物，影响和熏陶孩子形成健康快乐的性格。心理学中"踢猫效应"告诉我们，坏情绪会导致一系列意想不到的糟糕事情。儿童教育之父陈鹤琴曾经告诫我们：无论什么人，受激励而改过是很容易的，受责骂而改过是不太容易的。

五、有效暗示，选择适当方式

　　跟大家分享心理暗示方面的案例故事：很多妈妈在听到别人赞美自己的孩子时，都会这样回答："哪里呀，我家孩子不行""唉，这孩子太调皮了""我家孩子的功课不是很好"。但是，当妈妈们这样说时，孩子们会怎样想呢？北京顾妈妈说，自己孩子的成绩一直不上也不下，她的妈妈整天督促她学习，但成绩还是在原地徘徊。为了能使孩子的成绩提升上去，妈妈便向孩子的老师求教。后来，老师便找这个学生谈话，令老师吃惊的是，这个学生张口闭口都是"反正我记忆力不好，怎么学都不行了"。当老师把这种情况反馈给孩子的母亲时，才明白这是怎么一回事。原来，孩子的母亲经常在别人的面前自谦说孩子的记忆力不好。"这孩子的记忆力不好"，虽然这只是妈妈对别人谦虚时说的话，但孩子听到耳朵里，却认为那是妈妈对自己的真正评价。于是，孩子不知不觉在这种暗示的影响下，记忆力真的变差了。所以，即使孩子真的记忆力不好，真的有缺点，妈妈也千万不可轻易批评孩子。聪明妈妈从来都是赞美孩子："你很聪明！""你在妈妈心目中是最棒的！"在心理学中，这叫"积极的暗示"，这种暗示对孩子尤其能发挥奇效。围棋名手林海峰在幼年的时候，他的妈妈经常对他说："你将来一定是一个大人物。"于是，他从小就以"大人物"作为自己的奋斗目标，终于取得了举世瞩目的成就。因此，如果妈妈懂得运用这种积极的暗示，孩子会受益终身。

　　从上面这个案例中我们不难看出，积极暗示是"润物无声"的教育，这种形式，孩子会更乐于接受。家长要了解孩子，介入孩子成长过程，沟通是手段。有一份比较权威的家庭教育专家报告曾做过这样的比重分割：沟通的组成部分包括7%的语言，38%的语速和语调，55%的表情和动作。一次有成效的沟通，说的内容只占7%，而说的形式占

93%，所以，语速是快是慢，语调是和风细雨还是疾风暴雨，表情是和蔼可亲还是焦躁不安，亲子沟通前，家长都要充分考虑。由此可见，适当说话的形式是有效沟通的前提。

世风民风皆起于家风。家庭教育作为教育的重要组成部分，对孩子的影响是深远的。每个家长都希望自己的孩子能够得到充分的发展，各方面表现优秀。那么就让我们从现在开始，用心关注孩子，用心营造和谐幸福的家庭氛围，要多关注孩子身心健康，多与孩子沟通交流，培养孩子人际交往能力，教孩子懂得与他人分享的意义，鼓励孩子与同学互相帮助、共同进步，期待每个孩子都能在健康的环境下茁壮成长。

后记 诗意，生命的常青树

常常听人们抱怨，生活真没意思，生活不公平之类的话，于是生命便在这样的情绪下写成了一篇篇悲哀的小说。

其实，我们每个人都是诗人，用心生活，生命就会充满诗意。

诗意不仅是华丽的宫殿，也可以是海子心中朝着大海的小屋；诗意不仅是贝多芬波澜壮阔的交响乐，也是莫扎特心中的小夜曲；诗意不仅是迈克尔·杰克逊的梦幻庄园，也可以是苏珊大妈与老猫相伴的农场；诗意是一种感觉，一种生活态度，是一种永不言弃的精神，一种无所畏惧的勇气，诗意是我们生命的常青树！

诗意的人是快乐且充实的，可能他会放弃灯红酒绿的繁华而求多读几本美丽的散文。诗意的人也不会过多留意天气的变化，因为他会合时宜地调整心情。天晴时，便有一行白鹭上青天；阴雨时，便可听雨在层楼。诗意的生活可能不富裕，但是它坦然，也舒适。

生活的每一天都可以充满诗意，诗意是属于我们自己的一份美丽心情。可以小桥流水，可以大江东去，可以落日孤鸿，可以鹰击长空……逆境时，我们可以用坚强和信念谱写大江东去的豪迈；顺境时，我们可以用烂漫和灵性抒发一江春水的柔情。当我们为历练而去，当我们为思念而归，当我们事业蹉跎，失意茫然，别忘了提醒自己，来到这个世界拥有一个健康的生命已经是我们的奇迹！无论我们身处何地，无论我们落魄失意还是志得意满，都提醒自己保持一颗诗意的心，生命就会写成一首绚丽多姿的史诗！

完成此书，只为怀一颗诗意的心，感一片挚爱的情。我二十岁来到天铁，与其说三十年教书育人，不如说，三十年历练成长。最想说的是感激，是天铁教育培养了我，一路走来多少领导的关心，同事的支持，孩子们的信任不能忘怀，尤其要对指导、帮助我完成此书的原天铁教育中心主任陈自鹏博士和陈旭、李霞以及李艳霞名师工作室的所有老师道一声感谢！曾听过一首英文歌叫作《奇异恩典》，很喜欢其中的一句歌词"恩典眷顾，一路搀扶"。我相信，不管现在和将来，这样的指引和扶持必将是我继续前行的最大动力。

李艳霞

2020 年 7 月